LIDERANÇA ESTRATÉGICA EM TEMPOS DISRUPTIVOS:
lições de líderes em organizações pelo mundo

LIDERANÇA ESTRATÉGICA EM TEMPOS DISRUPTIVOS:
lições de líderes em organizações pelo mundo

AUTORES: Renata Giovinazzo Spers, Daniel Estima de Carvalho, Elisa Tozzi

DIRETOR DA ALMEDINA BRASIL: Rodrigo Mentz
EDITOR: Marco Pace
EDITOR DE DESENVOLVIMENTO: Rafael Lima
ASSISTENTES EDITORIAIS: Letícia Gabriella Batista e Tacila da Silva Souza
ESTAGIÁRIA DE PRODUÇÃO: Natasha Oliveira

REVISÃO: Tatiane Carreiro
DIAGRAMAÇÃO: Casa de Ideias
DESIGN DE CAPA: Daniel Rampazzo

ISBN: 9786587019802
Novembro 2023

DADOS INTERNACIONAIS DE CATALOGAÇÃO NA PUBLICAÇÃO (CIP)
(CÂMARA BRASILEIRA DO LIVRO, SP, BRASIL)

Liderança estratégica em tempos disruptivos :
lições de líderes em organizações pelo mundo /
organização Renata Giovinazzo Spers, Daniel
Estima de Carvalho, Elisa Tozzi. --
São Paulo : Actual, 2023.

ISBN 978-65-87019-80-2

1. Administração de empresas - Estudo de casos
2. Depoimentos 3. Equipes no local de trabalho
4. Ética nos negócios 5. Liderança I. Spers, Renata
Giovinazzo. II. Carvalho, Daniel Estima de.
III. Tozzi, Elisa.

23-177436 CDD-658.4092

Índices para catálogo sistemático:

1. Liderança : Administração de empresas 658.4092
Eliane de Freitas Leite - Bibliotecária - CRB 8/8415

Este livro segue as regras do novo Acordo Ortográfico da Língua Portuguesa (1990).

EDITORA: Almedina Brasil
Rua José Maria Lisboa, 860, Conj.131 e 132, Jardim Paulista | 01423-001 São Paulo | Brasil
www.almedina.com.br

Renata Giovinazzo Spers
Daniel Estima de Carvalho
Elisa Tozzi

2023

LIDERANÇA ESTRATÉGICA EM TEMPOS DISRUPTIVOS:
lições de líderes em organizações pelo mundo

ACTUAL

O futuro do trabalho e dos negócios passam pelas salas de aula do MBA Executivo Internacional do Profuturo da FIA Business School, que completa 30 anos.

Dedicatória

O MBA Executivo Internacional do Profuturo/FIA não estaria completando 30 anos sem os esforços de seu fundador, o Professor Dr. James T. C. Wright (*in memorian*), e da equipe do Profuturo-FIA que o acompanhou ao longo de anos e segue executando o seu legado.

O Professor James Wright poderia representar diferentes características de liderança que destacamos neste livro. Era um líder visionário, propondo e antecipando as tendências que trouxeram inovação e pioneirismo tanto para a FIA Business School, quanto para o MBA Executivo Internacional. Sua visão estratégica e sua capacidade de enxergar o futuro globalmente foram fundamentais para o sucesso e o reconhecimento do programa, e inspiram a continuidade desta história.

Agradecimentos

Agradecemos por todo apoio da FIA (Fundação Instituto de Administração) e seus colaboradores, representados nas figuras dos Diretores e Professores Roberto Sbragia, Eduardo Savarese Neto, Fabio Ogawa Hashimoto e Mauricio Jucá de Queiroz, por todo apoio às atividades do Profuturo e do MBA Executivo Internacional, assim como à diretoria da FEA-USP (nossa *alma matter*, como os americanos costumam dizer).

Também tecemos nossos agradecimentos a todos os professores que contribuíram durante os 30 anos de história do MBA Executivo Internacional do Profuturo/FIA, representados aqui pelos colegas responsáveis pelas atividades nos anos de 2022 e 2023: Alberto Sansiviero Junior, Alex Staudt Takaoka, Alexandre Cantelli Bergamo, Alexandre Del Rey, Alfredo Pires de Castro, Ana Cristina Fossati, André Antunes Soares de Camargo, André Luiz Oda, Cesar Akira Yokomizo, Claudia Colnago, Edson Minoru Ito, Elber Mazaro, Elcio Campeiro Morelli, Fabio Ferraz de Arruda Pollice, Felipe Gama Buzzerio, Gino Olivato Neto, Henrique Luiz Correa, Jacques Marcovitch, Jerri Jose Ribeiro Silva, Joel Souza Dutra, José Ricardo Bittencourt Noronha, Lino Nogueira Rodrigues Filho, Marcelo Antonio Treff, Márcio Antonio Hirose Fedichina, Marcos Cesar Conti Machado, Matheus Graciani dos Santos, Mauricio Goldstein, Maurício Nisiyama, Nicholas Franzen Matte, Reinaldo Guerreiro, Roberto Dumas Damas, Rodolfo Leandro de Faria Olivo, Ronaldo Fróes de Carvalho, Samantha Mazzero, Sergio Pinto Zacarias, Silvia Ferraz Nogueira de Tommaso, Tatiana Almendra Dutra e Viviane Regina Mansi.

Os 30 anos de história do MBA Executivo Internacional não teriam seus resultados alcançados sem a execução da equipe do Profuturo representada aqui pelo time de 2023: Samantha Mazzero, professora coordenadora; Elis Feitosa, Fabiana Cherubim, Francisa Moraga, Gabriel Nery, Jeferson Lima e Sheila Serafim, professores assistentes; Cristiane Alves de Oliveira e Ivana Franco da Silveira, heads; Carolina Duarte, Duda Santos, Elaine Costa, Juliane Lampiasi, Livia Steigerwald, Nathália Batista e Paloma Correia.

Sumário

Prefácio

Este livro se iniciou há muitos anos, quando conceitos de ensino, muito depois estabelecidos, já se faziam presentes na conversa de um jovem estudante brasileiro de ascendência escocesa, James T. C. Wright, no campus da *Vanderbilt University*, nos Estados Unidos. Suas admiráveis especulações teóricas eram ouvidas por seus colegas no *Master of Management*, no remoto início de sua carreira acadêmica.

Foi por esse motivo que, bem mais adiante, quando chamado para liderar o projeto MBA Executivo da Fundação Instituto de Administração, a FIA, Wright mergulhou fundo naquele sonho que se tornou realidade, firmando-se como paradigma de competência e visão de futuro. O fundador deste programa de formação avançada era professor titular de Gestão Estratégica e Avaliação de Tecnologias, além de coordenar o Programa Estudos do Futuro (Profuturo), hoje sob a talentosa direção da Profa. Renata Giovinazzo Spers e de seus colaboradores.

As ideias de Wright permeiam os trinta depoimentos de alunos e alunas, organizados no marco das três primeiras décadas do MBA Executivo Internacional do Profuturo/FIA. Os ensinamentos do grande mestre foram declarados como fontes do que eles e elas aplicam, hoje, em suas carreiras. Descendentes acadêmicos de James Wright, os personagens deste ótimo livro provam suas capacidades de forma natural, espontânea, sem exibicionismos. O professor certamente vibraria com estas performances dos discípulos nos dias de hoje.

Leio, nos depoimentos aqui reunidos, projetos de vida significativa que foram além do terceiro grau. São agora compartilhados com os leitores ensinamentos absorvidos no MBA Executivo Internacional. É lícito dizer que este aprendizado corresponde, na gestão de empresas, a um doutorado na vida acadêmica. A administração corporativa há muito deixou de ser, como no passado, nobre exercício de intuição. O MBA habilita o profissional com algo que transcende o currículo e leva seus inscritos a compreender mais vivamente o ofício escolhido.

Este livro divulga histórias de reconhecimento por uma iniciativa que diplomou 60 turmas, desde sua implantação. Todos os depoimentos recolhidos vão nesta direção e focam ações que, além de favorecerem a governança de empresas privadas, podem ser igualmente úteis na esfera pública. Toda organização demanda recursos humanos que propiciem bons resultados. Sem estas lideranças não haveria bons empregos, sólidas estratégias, formas modernas de governança e competências geradoras de riquezas.

Tais aspectos não são aqui pontuados para alardear os méritos dos programas do Profuturo, dos seus docentes e colaboradores, hoje atestados pelas mais confiáveis comparações nacionais e globais. O que se pretende é informar de onde vieram os personagens que agora contam suas experiências como gestores e como aproveitaram sua passagem por um dos programas de formação de melhor reconhecimento internacional.

Os relatos a serem lidos inspiram confiança. Diversificam-se pelos enredos e igualam-se na transparência. Registram nomes completos de seus depoentes e empresas onde trabalham. Passo a resumir dois deles em poucas linhas. Não por serem melhores, e sim para marcar as imprevisibilidades comuns nas histórias verdadeiras. Aqui não se sugere repetir o que outros fizeram. Conta-se apenas a história como uma reportagem bem elaborada e fiel aos fatos.

Em um dos relatos, surpreende que o seu protagonista seja um empreendedor intelectual. Sim, formou-se em jornalismo e trabalhou numa grande editora de revistas. Prevendo que em breve se tornaria um líder naquela casa editorial, inscreveu-se no MBA Executivo Internacional e aconteceu algo imprevisto: ele descobriu que poderia gerir sua própria carreira de escritor independente. Tornou-se autor de vários *best-sellers*, alguns hoje traduzidos em vários países, e todos abordando a história do Brasil em seus aspectos mais complexos, agora narrados em linguagem acessível e pesquisas bem fundamentadas. Ele é um dos poucos escritores que vivem (bem) de sua profissão.

Outro depoimento é de uma empresária. No Brasil, como se sabe, o gênero feminino, embora cada vez mais presente no ambiente de negócios, ainda responde por somente 40% dos postos de liderança nas empresas. Ela formou-se em Direito, mas decidiu cursar o MBA para dirigir uma das áreas na empresa de seus pais. Não foi este o final da história. O MBA Executivo Internacional ajudou-a a iniciar o seu próprio negócio comercial com grande êxito. Recentemente, porém, resolveu voar mais alto na indústria da construção civil.

Ela atravessou literalmente a fronteira. Transferiu-se para uma nação vizinha, onde hoje a sua construtora está consolidada. Planeja instalar, naquele país, a primeira "cidade inteligente". O seu depoimento revela uma percepção certeira: no Brasil, disse ela, os *players* que lideravam a construção civil eram tão fortes que eclipsavam os novatos.

Os egressos do MBA Executivo Internacional mostram exemplos distintos uns dos outros, sem uso de recursos meramente publicitários. Mais do que experiências pessoais e projetos de vida significativos, estes relatos documentam a excelência do empreendimento acadêmico de James Wright. Um nome inscrito, com letras maiúsculas, na história do trabalho e do conhecimento.

Jacques Marcovitch
Professor emérito da Faculdade de Economia e Administração (FEA/USP).
Ex-Reitor da Universidade de São Paulo (USP).

Introdução

A grande crise provocada pela pandemia de covid-19 mudou muitos aspectos do mundo do trabalho, desde a maneira como as empresas tomam decisões até o modo como se relacionam com funcionários e clientes. Mas dois temas, que sempre foram discutidos nos corredores de companhias e universidades, ganharam ainda mais relevância para a gestão durante e depois desse momento tão sensível para todo o planeta: estratégia e liderança. Atualmente, esses tópicos são altamente relevantes para a gestão empresarial executiva e para o futuro das organizações, considerando o ambiente cada vez mais complexo e dinâmico em que vivemos.

Independentemente da sigla que você prefira, os desafios organizacionais só aumentam a cada crise vivenciada em um mundo cada vez mais VUCA (volátil, incerto, complexo e ambíguo, na tradução do acrônimo em inglês) ou, considerando o termo que se fortaleceu em nosso "pós-crise", BANI (frágil, ansioso, não linear e incompreensível). Os dois termos ajudam a entender o contexto disruptivo em que vivemos — seja por necessidade ou por oportunidade. Afinal, a disrupção nada mais é do que a interrupção de algo que sempre funcionou, ou seja, o rompimento com o antigo, e a proposta por novas alternativas.

Neste contexto complexo, as lideranças são recursos essenciais não apenas para que as empresas sobrevivam, mas para que prosperem e se preparem para o novo — 155 por mais inimaginável que seja o que nos espera no futuro.

Além disso, para serem perenes, relevantes e bem-sucedidas, as organizações precisam se apoiar em líderes éticos, inovadores e que tenham visão de futuro e propósito para inspirar suas equipes. Afinal, apenas por meio do trabalho conjunto é possível impactar positivamente a sociedade e conduzir as empresas ao próximo salto estratégico.

E é esse o objetivo deste livro, que marca os 30 anos do MBA Executivo Internacional do Profuturo/FIA: trazer inspiração para líderes atuais (e em potencial) navegarem na complexidade dos negócios e da sociedade. Para isso, você vai conhecer quais são as principais competências para os líderes do futuro em um mundo em constante transformação e se inspirar com as histórias de 30 ex-alunos da FIA, que compartilham trajetórias, lições, exemplos de boas práticas empresariais e as dores dos aprendizados — são pessoas que estão muito longe do clichê do "super-homem" ou da "mulher-maravilha" corporativos, e que entendem o valor do aprendizado, dos erros e do trabalho em equipe.

Acreditamos que os aprendizados compartilhados aqui serão perenes, mesmo com as rápidas transformações que vivenciamos diariamente.

Boa leitura.

PARTE 1
Liderança Estratégica em um Mundo em Transformação

O contexto de negócios passou por alterações significativas nas últimas décadas, refletindo transformações tanto na força de trabalho quanto no perfil da liderança. A seguir, vamos discutir essas mudanças e seus impactos

O cenário dos negócios no Brasil

No início dos anos 1990, havia uma expectativa de um "Brasil novo" após dez anos de crescimento econômico frustrante — um renascimento depois da década perdida, como os economistas apelidaram os anos 1980. Era um momento que sinalizava novas perspectivas, com o final do regime militar e a primeira eleição direta para presidente da república em 1989.

Para as empresas, foi preciso se transformar. A abertura econômica, no início dos anos 1990, exigiu mudanças nas empresas brasileiras, que tiveram que lidar com oportunidades de internacionalização e, ao mesmo tempo, com a concorrência de empresas estrangeiras que começaram a ofertar produtos e serviços no Brasil. A década também foi marcada por planos econômicos e mudanças de moeda para combater a alta inflação até chegarmos ao bem-sucedido Plano Real, lançado em 1993, que trouxe mais previsibilidade para a economia brasileira.

Do ponto de vista da tecnologia, a década de 1990 foi marcada pela ascensão dos PCs — os *personal computers* — que eram a alternativa aos computadores de grande porte ou às máquinas compartilhadas por diversas áreas de uma empresa. Como mostra do avanço acelerado que a tecnologia proporcionaria nos próximos anos, a internet surgiu ao final desta década por meio de *websites*, troca de e-mails e demais ferramentas de comunicação, que começaram a encurtar as fronteiras em um movimento claro da globalização.

A década de 2000 foi marcada pelo nascimento do *e-commerce* e de outras possibilidades de negócios eletrônicos. Especulava-se que a profissão de vendedor não existiria mais, pois todas as compras seriam realizadas por internet, sem intermediários. Décadas depois, sabemos que ainda precisamos de bons vendedores em diversas frentes, como vendas técnicas consultivas, e que o contato humano ainda é uma fonte de diferenciação no comércio — e esse raciocínio segue mesmo para o nosso contexto da pandemia e da pós-pandemia, no qual convivemos com o crescimento do comercio eletrônico, agora também pelo celular, o *m-commerce*.

A credibilidade proporcionada pelo Plano Real permitiu um maior intercâmbio de conhecimento com outros países, inclusive aprofundando o relacionamento com a China, que viria a se tornar o maior parceiro comercial do Brasil. No entanto, como efeito direto da globalização, as crises econômicas do México e da Argentina, por exemplo, trouxeram novos desafios para as organizações brasileiras — da mesma forma que a crise do *subprime* nos Estados Unidos teve impactos globais fortemente sentidos no Brasil algum tempo depois.

O processo de *impeachment* de 2016 trouxe um rompimento na estabilidade do Brasil e caracterizou o país como um cenário fértil de sucessivas crises de ordem política, econômica e social, que se alternam ou ocorrem simultaneamente. Mesmo nesse contexto desafiador do país, foram ganhando força entre as companhias preocupações com o meio ambiente, responsabilidade social e governança corporativa, que finalmente se uniram no conceito ESG (ambiental, social e governança, na sigla em inglês), trazendo uma perspectiva mais ampla e sob o ponto de vista dos resultados gerados, tornando-se referência para investidores e para o mercado.

As instabilidades políticas e econômicas dos últimos anos não impediram o progresso tecnológico, que ganhou impulso com a infraestrutura proporcionada pelo 4G e pela computação em nuvem, além do mais recente desenvolvimento da inteligência de dados fornecidos pela Indústria 4.0, do *blockchain* e do *Big Data*. A frase "*Data is the new Oil*" ("os dados são o novo petróleo"), do matemático Clive Humby, estampada na capa da revista *The Economist*, consagrou a importância das tecnologias da informação e do uso estratégico dos dados.

O avanço da tecnologia cresceu e se fortaleceu na virada para a década de 2020. Se o crescimento tecnológico já era visto como exponencial no começo da década, a pandemia da covid-19, que limitou o contato físico entre as pessoas, potencializou a evolução tecnológica. Na visão de Satya Nadella, CEO da Microsoft, inovações e projetos tecnológicos que estavam previstos para os próximos dois ou três anos foram acelerados e produzidos em poucos meses durante a pandemia. Termos técnicos como "transformação digital" se expandiram para o mundo dos negócios e se consolidaram na lista das prioridades dos CEOs em todo o mundo, trazendo novas tendências que estão sendo implementadas e avaliadas pelo mercado como NFT, Metaverso e IA Generativa.

Em breve, será comum lidarmos com aplicativos em diversos dispositivos (como os *wearables*) não apenas em computadores ou celulares, cuja necessidade será reduzida devido à possibilidade de interagir com a tecnologia em "*qualquer lugar*" como já vemos em alguns eletrodomésticos e equipamentos *IoT* (internet das coisas). As funções que antes eram restritas a um computador e que, mais recentemente, vemos compartilhadas com telefones celulares e tablets, poderão ser compartilhadas por qualquer equipamento conectado à rede. Da mesma maneira, é provável que exista uma popularização de aplicações para impressoras 3D, barateando produtos e auxiliando na área médica e no ramo alimentício, além de outros usos domésticos e profissionais.

Nossa rotina será ainda mais impactada pela inteligência artificial, que deverá automatizar rotinas operacionais. Isso exigirá de nós, profissionais, cada vez mais visão crítica e raciocínio estratégico. Ao mesmo tempo, há expectativa para que surjam oportunidades (inicialmente em nichos) para mergulhar em realidades virtuais aumentadas, que terão impacto nas indústrias do entretenimento e, posteriormente, no treinamento e nas interações sociais, viabilizando o conceito de uma *second life* muito mais integrada à vida real.

Assim como a profissão de vendedor foi ameaçada pelo *e-commerce*, os impactos trazidos pela tecnologia nos levam a refletir sobre a evolução do papel do líder, bem como sobre nossa própria reflexão como seres humanos e profissionais em um sentido mais amplo. Focando na liderança, certamente houve uma transformação nos últimos 30 anos, passando a existir objetivos e preocupações diferentes, alinhados com um mundo em constante transformação.

Mundo mutante: VUCA e BANI

Essa breve linha do tempo apresentada exemplifica diversos pontos que mostram como a complexidade e o dinamismo do mundo contemporâneo afetam pessoas e organizações. E essa complexidade é exemplificada por duas siglas que tentam explicar o contexto atual: VUCA e BANI.

O termo VUCA foi usado pela primeira vez no ambiente militar americano durante a Guerra do Golfo na década de 1990. Trata-se de um acrônimo que remete às características de um mundo em transformação que é volátil (muda com facilidade), incerto (há dúvida quanto ao futuro), complexo (existem muitas variáveis não controladas) e ambíguo (não há respostas 100% corretas).

Com o aumento da complexidade e da velocidade das mudanças, o antropólogo americano Jamais Cascio cunhou em 2018 o termo BANI, que seria uma evolução do "mundo VUCA". Esse termo se popularizou nos tempos pandêmicos e representa a natureza volátil e imprevisível do ambiente em que vivemos atualmente. BANI também é um acrônimo que traz em sua construção:

- Fragilidade (*Brittle*) do mundo altamente conectado, no qual sistemas podem entrar em crise rapidamente com forte impacto global;
- Ansiedade (*Anxious*), que resume a preocupação constante com a incerteza sobre o futuro, causada e agravada por crises como pandemia, mudanças climáticas, instabilidades políticas, guerras etc.;
- Não-linearidade (*Nonlinear*) destaca que as mudanças que ocorrem no mundo, muitas vezes, não seguem um caminho previsível, pois pequenas alterações podem causar grandes efeitos a qualquer momento;
- Incompreensão (*Incomprehensible*) representa a natureza do mundo atual, que é difícil acompanhar, e que nos gera dificuldade de compreender completamente o que está acontecendo ao nosso redor, devido à quantidade de informações disponíveis e à velocidade das mudanças.

Para enfrentar o mundo BANI (ou VUCA), é necessário adotar uma postura mais flexível quanto aos acontecimentos e preparar as organizações e suas equipes para se adaptarem a mudanças repentinas e inesperadas. Em um mundo de incertezas, mapear cenários futuros e acompanhar tendências pode melhorar o embasamento na tomada de decisões — entendendo que a visão estratégica de futuro não se trata de adivinhar ou de apostar todas as fichas em um futuro possível, mas de se preparar para possibilidades e orientar as empresas para lidar com os desafios de um ambiente instável.

A liderança tem papel fundamental para preparar e conduzir a organização do futuro desejado. Isso pode ser feito por meio de ciclos de planejamento menores, que possibilitam apreciação, aprendizagem e ajustes de rota de acordo com mudanças, além de ideação de novas possibilidades. Uma cultura de execução ágil para lidar com os eventos inesperados e a implementação rápida de ações também é essencial.

A evolução da carreira e do papel da liderança

Antes de debater a evolução do papel da liderança, vale uma rápida reflexão a respeito do desenvolvimento atual da carreira, no qual é mandatório que os profissionais assumam a responsabilidade de conduzir suas próprias trajetórias, não deixando isso nas mãos de seus empregadores – como era comum no passado. Hoje, há diferentes formas de atuação e, também, de contratação, que vão além do clássico CLT. Os conceitos mais modernos de carreira, por exemplo, trazem a expectativa de seguir com mais de uma carreira ao longo da vida, em consonância com a necessidade de desenvolvimento contínuo, exemplificando o conceito de *life-long learning*.

O aumento da expectativa de vida, combinado com o menor crescimento populacional no Brasil e com o consequente envelhecimento da população, faz com que as trajetórias profissionais sejam mais longas, possibilitando ter diversas carreiras ao longo da vida, algumas até em paralelo. As histórias que compartilhamos neste livro mostram que é possível pensar em uma carreira técnica que segue para uma carreira gerencial/executiva, almejando um cargo tipo *C-Level* e, posteriormente, um conselho de empresas. Ou que é possível considerar carreiras como empreendedor, pesquisador, professor, investidor ou mentor de profissionais ou *startups* em paralelo às atividades já citadas.

Para buscar a progressão de carreira, torna-se cada vez mais importante o autodesenvolvimento integrado, bem como desenvolver as competências de liderança — independentemente do nível hierárquico. No passado, a prática da liderança nas empresas era fortemente baseada em hierarquia e em uma estrutura inflexível de comando-controle, explorando a autoridade. Nesse modelo, os líderes cobravam assiduidade, horas presenciais, participação em atividades/eventos, acompanhava horas extras e dava ordens de forma impositiva, seguindo o lema "manda quem pode, obedece quem tem juízo". Além disso, havia um estilo clássico de evolução de carreira, em que a meta de vida era conseguir um emprego com carteira assinada em uma empresa com plano de carreira estruturado, buscando ascender na hierarquia organizacional — no melhor formato "de *office-boy* a presidente".

É importante reconhecer que as pessoas têm perfis diferentes, o que implica em diferentes estilos de trabalho e de liderança. No entanto, independentemente disso, o modelo de comando-controle não se aplica mais nas empresas devido à evolução da dinâmica do mercado e ao perfil dos profissionais atuais. Enquanto as gerações anteriores, como os *baby boomers*, se caracterizavam pela continuidade e estabilidade nas carreiras, as gerações mais recentes, como a geração Z e os *millenials*, têm como principal característica alinhar seu propósito pessoal com o propósito da organização e a conduta dos líderes — o que já é reconhecido hoje pela maioria das organizações. O propósito, aliás, tem se tornado uma ferramenta essencial para as companhias atraírem e manterem talentos, já que os funcionários tendem a se engajar mais quando há alinhamento de propósito pessoal e corporativo. Como destaca Simon Sinek, as pessoas são atraídas por líderes e organizações que são bons em comunicar o que acreditam (e sua visão de mundo), e sentimos forte ligação com aqueles que são atraídos pelos mesmos líderes e organizações que nós. Além disso, é importante ressaltar que a liderança direta é uma das principais razões para pedidos de demissões, como diversas pesquisas sobre o tema já demonstraram.

Por isso, líderes precisam entender como influenciar suas equipes para atingir bons resultados em diferentes cenários. E uma das competências mais importantes para isso é o desenvolvimento de uma visão mais estratégica e sistêmica, essencial para enfrentar o ambiente competitivo global. Isso é reforçado pelo Professor Dr. Joel Dutra, referência em gestão de pessoas e docente do MBA Executivo Internacional do Profuturo/FIA, complementando que a liderança estratégica também exige a construção e a sustentação de parcerias com *stakeholders*, gerindo diversas interfaces e exigências. Por isso, se faz necessário o desenvolvimento de habilidades de compreensão e atuação multicultural, não apenas para gerar novos negócios fora das organizações, mas também para convergir e alinhar os interesses internos e a visão organizacional com o que a empresa e seu líder esperam proporcionar ao mercado, o que inclui um alinhamento necessário com as equipes.

Para conquistar esse alinhamento, as competências de comunicação do líder são essenciais, mas se basear apenas nelas não basta. A liderança moderna evolui para um viés educador, capaz de desenvolver e treinar as equipes para buscar independência, autogestão e alto desempenho. Não podemos esquecer que um bom líder também se preocupa em preparar sua sucessão e em desenvolver os times para que eles possam se aprimorar, crescer e entregar valor para a sociedade — tudo isso sem abrir mão dos aspectos sensíveis para toda a sociedade, como ética, sustentabilidade, desenvolvimento social, diversidade, inclusão e governança, que comprovadamente trazem resultados positivos para as organizações, mas que exigem equilíbrio entre os interesses de curto e de longo prazo.

Além disso, não podemos deixar de reforçar a necessidade de os líderes estratégicos terem um olhar para o futuro, analisando elementos do ambiente externo em busca de tendências, oportunidades e ameaças, com o objetivo de criar cenários e possibilidades de futuro para comunicar e engajar suas equipes, e de antecipar e responder rapidamente a essas mudanças, identificando oportunidades e ajustando a estratégia da organização.

Esse conjunto de atividades e competências coordenadas pelo líder devem ter como objetivo gerar impacto positivo para todos – clientes, *shareholders* e sociedade – em consonância com o valor gerado pela estratégia e pelo propósito da organização.

Todo esse contexto e a evolução de organizações e líderes nos colocam em um momento interessante. Como diz Rita McGrath, professora da Columbia Business School, estamos em um ponto de inflexão, presenciando apenas o início do potencial das novas tendências e tecnologias. Segundo ela, a definição, emprestando o conceito de Andy Grove (célebre CEO da Intel, em seu livro *Só os paranoicos sobrevivem*), o ponto de inflexão é uma mudança no ambiente do negócio, que altera radicalmente algum elemento de suas atividades e abala pressupostos tidos como inquestionáveis. O mesmo ponto de inflexão experimentado 30 anos atrás com o primeiro computador pessoal e, depois, com a internet. Guardadas as devidas proporções, estamos iniciando a descoberta da capacidade tecnológica provocada pela inteligência artificial e pelas demais tecnologias. E só vamos conseguir aproveitar as oportunidades geradas se tivermos lideranças de impacto preparadas para isso.

O MBA Executivo Internacional

Olhar 30 anos atrás para relembrar o contexto da criação do MBA Executivo Internacional Profuturo/FIA é entender que a abertura econômica no início da década de 1990 apresentava uma oportunidade e, ao mesmo, uma exigência de preparo para executivos brasileiros que desejam competir globalmente — em termos de carreira em empresas internacionais com atuação no Brasil e atuação internacional por meio de expatriação — e contribuir para o país gerando riqueza e diminuindo a desigualdade social. Com o passar dos anos, a capacidade de executivos e executivas do Brasil de se adaptar e lidar com ambientes hostis e dinâmicos se tornou reconhecida globalmente graças à economia e às demais características desafiadoras do mercado brasileiro.

Para ajudar esses profissionais a conseguirem a transição da atuação nacional para a internacional, um curso de MBA deve estar atento às mudanças e aos desafios globais. Como, por exemplo, a discussão de que as empresas foquem em lucro e valor compartilhado para todos os *skateholders* em vez de buscar *marketshare* a qualquer preço (especialmente em momentos de crise, nos quais deve-se evitar queimar caixa).

Dado que o MBA Executivo Internacional do Profuturo/FIA conta com profissionais experientes, o curso também tem como característica buscar modelos mais participativos de ensino para estimular a troca de ideias entre os estudantes. O perfil de diversidade entre empresas, setores e regiões maximiza os debates e as contribuições entre os colegas de turma, que são incentivados pelos professores. Métodos ativos de ensino como simuladores e estudos de casos também são frequentemente usados para manter a conexão com o que ocorre fora da sala de aula.

Toda essa discussão se encaixa perfeitamente em mais uma abordagem relevante — a do foco do cliente. As soluções desenvolvidas na organização precisam atender a uma "dor do cliente", e isso é tratado de forma transversal por diversas disciplinas do programa com abordagens que vão das clássicas às mais atuais para analisar novos mercados e propor soluções para dificuldades e necessidades de mercado. Muitas vezes, esse exercício se transforma na criação de novas startups (ou unidades de negócios de empresas existentes), que podem ser aceleradas pelo Profuturo Startup LAB — o que ajuda a trazer a visão dos ecossistemas de startups para dentro do curso e abastecê-lo das relações e tendências ligadas à inovação aberta, às novas tecnologias e ao *Corporate Venture Capital* (CVC).

A visão pioneira do MBA Executivo Internacional Profuturo/FIA, o primeiro curso brasileiro a realizar viagens regulares ao exterior, também permitiu estreitar relações duradoras com parceiros internacionais com quem são desenvolvidos módulos específicos de forma integrada ao conteúdo visto no Brasil. Atualmente, fazemos viagens de estudos para Estados Unidos, Europa, China, Índia e Israel. E essas imersões internacionais contam com conteúdo e experiências além da sala de aula: há visitas a empresas, aulas, palestras e experiências culturais da região visitada. Além disso, o curso também conta com parcerias importantes, como ser o primeiro curso brasileiro a participar, desde 2002, do *Latin American Case Consortium* (LACC), da Universidade Harvard. Essas iniciativas levaram o MBA Executivo Internacional Profuturo/FIA a obter reconhecimento de acreditações internacionais e a participar de diversos Rankings de MBAs como o *Executive MBA* do jornal Financial Times, *QS World Executive MBA Ranking* e os brasileiros Melhores MBAs da Revista Você S/A e Guia dos MBAs do Estadão.

A preocupação com temas do universo ESG se faz presente desde a fundação do curso. Primeiro com as temáticas de ética e governança, discutidas por este MBA antes mesmo de escândalos internacionais como os casos das fraudes corporativa e contábil da Enron e da WorldCom virem à tona no início dos anos 2000. A responsabilidade também sempre foi abordada, não apenas nos conteúdos do curso, mas também com a instituição da associação de ex-alunos criada pelos estudantes da primeira turma com o intuito de capacitar em gestão, cidadania e responsabilidade. A preocupação ambiental também se faz presente no curso em diversos momentos, com destaque para a participação pioneira e marcante do Prof. Jacques Marcovitch, ex-reitor da Universidade de São Paulo, e autor de livros e pesquisas sobre a Amazônia, dentre outros assuntos.

O MBA Executivo Internacional também tem acompanhado — e incentivado — a inclusão de mulheres no topo da carreira executiva. Nos primeiros vinte anos, a média de participação feminina era de 16%. Em 2018, alcançou-se o patamar de 30% de alunas na sala de aula – alinhado à melhor referência do índice que era, até então, o indicador internacional de diversidade para cursos executivos. No final de 2022, o Programa Mulheres na Liderança, iniciativa para promover a participação feminina na alta liderança, proporcionou apoio financeiro por meio de bolsas parciais para executivas, além de realizar mentorias em grupo e encontros *alumni* específicos para esse grupo. Com esse incentivo, as turmas de 2022 e 2023 eram 50% formadas por mulheres em sala de aula, todas seguindo os indicadores de senioridade, experiência e diversidade de atuação que são referências históricas do MBA Executivo Internacional do Profuturo/FIA.

A tecnologia marcou o pioneirismo do programa com diversas iniciativas de digitalização de todo o material didático e a criação de ambientes digitais de aprendizagens, ainda na virada do século — tendências que se consolidaram como opções obrigatórias para a educação superior. Atualmente, o uso de tecnologia se baseia em parceria com nomes de sucesso no mercado, como Harvard para conteúdo, Canvas para LMS e Graduway para rede de ex-alunos.

Nestes 30 anos, o MBA Executivo Internacional do Profuturo/FIA se manteve firme em seu propósito de ajudar seus alunos a navegar nas transformações da sociedade para liderar as mudanças que organizações necessitam. Para os próximos anos, o olhar atento para continuar formando as lideranças do amanhã deve continuar — e assim, manter-se, mesmo em tempos de *life long learning*, como a formação definitiva de longa duração na educação executiva para o futuro de carreiras e vidas de seus participantes.

PARTE 2

Lições de Líderes Reais para Inspirar Pessoas Reais

Mesmo em um mundo em constante transformação, que sofreu mudanças profundas nas últimas três décadas, existem alguns conselhos que se tornam perenes — inclusive quando falamos em negócios e em liderança. E a maior parte desses conselhos não está voltada para tecnologia, finanças ou venda, mas para o que sempre foi — e sempre será — o ativo mais importante das empresas bem-sucedidas: as pessoas.

Ao longo das próximas páginas, os 30 líderes que participam deste livro, todos ex-alunos no MBA Executivo Internacional Profuturo/FIA, compartilham suas trajetórias profissionais. Esses executivos e empreendedores de diferentes setores, especialidades, gêneros e gerações, generosamente mostram quais foram seus grandes aprendizados, desafios e inspirações para ajudar você a desenvolver novas maneiras de enfrentar a complexidade do tempo presente e a se preparar para o futuro incerto que temos pela frente.

Inspirações de 30 líderes em 30 anos de MBA Executivo Internacional*:

- Alex Lang — Vocação empreendedora;
- Alvino Silva — Felicidade em fazer o bem;
- Angela Pugliesi — Fora da Curva;

* As entrevistas para este livro ocorreram entre março e junho de 2023. Os participantes podem ter mudado de cargo ou carreira após esse período.

- Antonio Lemos — Com muito otimismo;
- Bruno Bassi — No lugar certo;
- Bruno Tortorello — Na estrada;
- Daniel Anderson — Encontrando a própria voz;
- Daniel Signori — Sem acomodação;
- Donizete Santos — Pessoas em primeiro plano;
- Ewaldo Russo — Da medicina para os negócios;
- Flavio Cotini — Construindo um legado;
- Grasiela Tesser — Razão e sensibilidade;
- Guilherme Alfano — Desbravando oportunidades;
- Jean Carlo Klaumann — Em busca de desafios;
- João Bosco — Das coxinhas para os aviões;
- Jonas Marques — Em constante transformação;
- Jurema Aguiar de Araujo — Executar com estratégia;
- Karina Lima — Empreendedora global;
- Laurentino Gomes — Presidente ou escritor?;
- Leonardo Santos — Pé no acelerador;
- Marcia Alcazar — Diversidade de atuações;
- Marcio Pedroso — Empatia para liderar;
- Nivaldo Frutuoso — Eterno aprendiz;
- Oscar Boronat — Amor pela complexidade;
- Pedro Franco — Redesenhando a própria história;
- Ricardo Bressiani — Sem parar de estudar;
- Ricardo Telles — Pronto para se reinventar;
- Rodrigo Persico — Céu de brigadeiro;
- Rosalba Pantoja — Todas no topo;
- Simone Bianchi — Pioneirismo em diversidade.

Vocação Empreendedora

Unindo sua vontade de empreender à necessidade de levar uma vida mais equilibrada, Alex Lang encontrou no setor da energia renovável o caminho para seu espírito inovador

Alex Lang
CEO da Rashirama Energia
Energia
Turma 43 do MBA Executivo Internacional

O contato do catarinense Alex Lang com o mundo do trabalho começou bem cedo. Aos 14 anos, ele já atuava como auxiliar de escritório — mas sua paixão não estava na administração. O que ele gostava mesmo era de informática. Autodidata, começou a estudar o assunto ainda na adolescência, o que o estimulou a empreender e a ensinar. "Na época não tinha muito curso sobre isso, só alguns livros. Comecei a estudar, a criar programas e a empreender", lembra. Em paralelo, manteve sua atuação como empregado. "Mas a carreira acadêmica deu uma segurada nesse momento", conta. Alex seguiu assim até 2000, quando decidiu que precisava fazer uma faculdade. Como morava em uma cidade pequena de Santa Catarina, resolveu se mudar para a capital, Florianópolis, para cursar Administração. "Fiz dois anos de curso, conciliando os estudos com o trabalho. Era a época do *boom* dos *call centers*, e eu consegui um emprego trabalhando em uma empresa desse setor", conta.

Mas a vontade de empreender continuava forte em Alex, por isso, ele retornou à sua cidade natal — mesmo sem finalizar a graduação — e tocou duas empresas. "Eu estava empreendendo sozinho, sem sócios nem funcionários. Mas as empresas só davam errado, então tive que encontrar um emprego", lembra. A busca deu certo, e Alex conseguiu se estabelecer no atual Grupo South do Brasil, também do setor de *call center*, no qual ele ocupou um cargo de gerência de tecnologia e trabalhou no Rio Grande do Sul. "Em 2008, a crise financeira americana atacou o mundo todo, e foi bem quando eu, já casado, resolvi largar o emprego para voltar a Florianópolis e empreender. Estava com muita vontade de ter meu próprio negócio novamente", explica. Com mais experiência, ele queria seguir no ramo de *call center*, mas entendeu que seria melhor dividir as responsabilidades com um sócio em vez de tocar a empresa sozinho. Dessa vez, as coisas saíram melhor do que nas tentativas anteriores: em poucos anos, a companhia cresceu e passou a empregar cerca de 300 funcionários.

Necessidade de mais conhecimento

Por não ter completado o curso universitário, Alex sentia que precisava de um pouco mais de conhecimento acadêmico para se desenvolver profissionalmente — mas sentia que não iria conquistar o que necessitava na faculdade, mas em um curso que fosse além do que se ensina na graduação. De todo modo, antes disso, era necessário conquistar o diploma de terceiro grau. Então, ele completou sua formação em Administração. "Sempre achava que faltava alguma informação que eu ainda não conhecia. Quando você empreende, fica olhando muito para o seu umbigo", conta. "Minha empresa estava crescendo, e eu queria aprender mais. Procurei quais seriam as melhores faculdades para fazer MBA no Brasil, e apareceram a Fundação Dom Cabral, a Fundação Getulio Vargas e a FIA. As três eram boas, mas acabei escolhendo a FIA."

Embora determinado a fazer o curso, Alex precisou esperar alguns meses até que uma nova turma fosse aberta, o que ocorreu no início de 2013. Para ele, a experiência ajudou a abrir diferentes janelas de conhecimento. Uma delas foi a do entendimento sobre o mundo corporativo, com o qual o empreendedor teve pouco contato ao longo de sua trajetória. "Quando eu estava em uma empresa grande, era gerente de uma filial, então, não participava do conselho, nem da direção. Eu tinha muita curiosidade sobre esse meio, e a turma e os professores me mostraram como era", explica. "Foi o suficiente para eu entender que não queria essa carreira." A turma de Alex ficou muito unida, e, até hoje, ele conversa com os colegas sobre ideias e decisões.

O que mais o marcou foram as oportunidades de estudar no exterior — algo que nunca tinha feito na vida. "Uma coisa é ir como turista para algum lugar, outra é ir como estudante. Eu não sabia nem como andar numa universidade fora do Brasil", lembra. Com viagens para Estados Unidos, Europa, China e Índia, o empreendedor teve a chance de conhecer os processos de companhias globais. E ficou impressionado com a maneira como algumas delas organizavam suas operações e faziam negócios fora do país. Na fábrica de carros da Nissan, por exemplo, ele se surpreendeu ao conhecer uma planta que operava 100% no escuro, porque não havia trabalhadores humanos, só robôs. Também ficou surpreso com o fato de que, na época, a Fedex, em Memphis, utilizava o turno noturno do aeroporto para fazer toda logística de entregas — o que passava despercebido aos frequentadores diurnos do aeroporto. “Aquilo foi mudando a minha mente”, conta.

O impacto cultural também foi forte, especialmente ao conhecer a Índia. “É um contraste muito forte entre riqueza e pobreza, entre lojas de luxo e lixo na rua”, conta. “Ao mesmo tempo, existem entendimentos diferentes dos nossos. Os mais velhos, por exemplo, são os mais importantes de uma casa, são os mais ouvidos, os sábios, o que é bem diferente daqui.”

Hora de equilibrar

Após o período de imersão nos estudos, a trajetória empreendedora de Alex continuou firme, e ele encontrou um novo nicho: o da energia renovável. “Comecei a querer atuar com algo mais coerente, mais ético. Quando o Brasil liberou a instalação de energia solar, comecei a estudar o setor”, explica.

Há oito anos na área, Alex passou por uma grande mudança poucos anos atrás — dessa vez, do lado pessoal. “Fui diagnosticado com doença renal crônica e quis desacelerar, tirar o pé em umas coisas e manter meu esforço em outras”, conta. Por isso, vendeu seu grupo anterior de empresas e passou a se concentrar na parte estratégica da Rashirama Energia, empresa que toca ao lado de outros dois sócios, e que é especializada em vender e locar energia fotovoltaica em condomínios. “É um setor de longo prazo, com contratos que chegam a até 25 anos — bem diferente do *call center*, que demandava um esforço de vender esse mês para ganhar no mês seguinte. Agora posso desenvolver vários projetos, é um ritmo mais tranquilo.” Esse equilíbrio entre várias esferas era algo que já havia aparecido na vida de Alex, mas que não parecia tão importante. “Uma professora da FIA explicava que a gente precisa ter equilíbrio na carreira, na saúde, na vida pessoal. Eu olhava, mas isso não fazia sentido para mim. Ficou a semente, que nasceu agora. Deixei a vaidade de lado. Já quebrei, já ganhei dinheiro. Agora tenho a gana de fazer o que me traz felicidade.”

Visão de futuro

Um olhar sobre o que está por vir para negócios e pessoas

Alex acredita que os empreendedores têm muito a contribuir para a construção do futuro. "O empreendedorismo é o lugar da ação, de conceber algo na sua mente e colocar em prática. E isso é atemporal." O importante para atuar bem nessa função, seja hoje ou nos próximos anos, é acreditar mais nas próprias ideias — algo que muita gente que quer empreender sente dificuldade de fazer. "Acredite nas ideias, por mais que você fracasse. Apostar em uma ideia que não deu certo faz parte do processo e é importante", explica. Para ele, os fracassos não podem desestimular novas tentativas — nem abalar a fé dos empreendedores em suas convicções. "Dificilmente outra pessoa vai acreditar na sua ideia, é você que precisa fazer isso colocando a sua energia e agindo com potencial e criatividade. Não é para todo mundo. Mas chega uma hora em que aqueles que falaram que você era maluco vão te chamar de brilhante."

> ***Deixei a vaidade de lado. Já quebrei, já ganhei dinheiro. Agora tenho a gana de fazer o que me traz felicidade.***
>
> ***O empreendedorismo é o lugar da ação, de conceber algo na sua mente e colocar em prática. E isso é atemporal.***

Felicidade em Fazer o Bem

Liderar uma organização do terceiro setor fez com que Alvino de Souza e Silva, superintendente da Liga Solidária, encontrasse seu grande propósito de vida: ajudar no desenvolvimento social do país

Alvino de Souza e Silva
Superintendente da Liga Solidária
Terceiro Setor
Turma 11 do MBA Executivo Internacional

Há mais de 15 anos como líder de uma instituição do Terceiro Setor, Alvino de Souza e Silva é um apaixonado pela área social e pela atuação em prol do desenvolvimento da saúde e da educação. Embora essa temática tenha sempre lhe sido cara, a maior parte de sua carreira aconteceu em grandes empresas — primeiro na indústria, depois em bancos e serviços.

Tudo começou quando ele, que se formou em Engenharia Mecânica na Faculdade de Engenharia Industrial (FEI) em 1980, se tornou estagiário da RCA, uma empresa americana que fabricava discos e tubos de componentes eletrônicos. Na multinacional, Alvino se desenvolveu dentro da área industrial e chegou à cadeira de diretor. Tudo ia bem até a companhia precisar se reestruturar e passar por algumas mudanças de direção. “Estava bem instável. Comecei a sentir que precisava dar uma repaginada, eram muitos anos na mesma empresa. Meus filhos eram pequenos, e eu não queria sair de São Paulo, mas a cidade estava começando um processo de evasão da indústria”, conta. “Eu queria migrar para uma área mais abrangente, tinha vontade de transitar.” Só que, para isso dar certo, Alvino precisava voltar à sala de aula para adquirir mais conhecimento em assuntos com os quais não lidava tão diretamente no dia a dia — como finanças — e para descobrir outros temas. Foi assim que chegou à 11ª turma do MBA da FIA. Ali entrou em contato com temáticas importantes para seu desenvolvimento profissional. “Aprendi, com a questão das competências, que era uma ‘mala’ que eu levaria por toda a minha vida. Também me aproximei do terceiro setor — ficou claro para mim que é importante ter uma pegada além da questão profissional, que é preciso ter responsabilidade social”, conta.

Novos rumos

Com esse olhar ampliado, Alvino conseguiu fazer sua primeira transição de carreira. Saiu da indústria e foi atuar em uma consultoria para implementar sistemas SAP. "Uma transição é um momento complexo e difícil de lidar. Mas eu fui empoderado pela visão mais ampla que o MBA me deu por meio de oportunidades como a visita que minha turma fez à Universidade Vanderbilt e as palestras diferentes que tivemos, como a do Amyr Klink", diz Alvino.

Além dessa segurança para mudanças, o MBA também foi crucial para grande parte das mudanças de carreira que Alvino conquistou até hoje. Por meio da associação de ex-alunos da FIA, que se tornou o atual Instituto GESC (voltado para capacitação em gestão, cidadania e sustentabilidade), ele construiu uma rede de contatos importante para sua trajetória. No GESC, Alvino atuou em diversas frentes, foi consultor, diretor, conselheiro e, por quatro anos, presidente — eleito para dois mandatos consecutivos. Foi ali que conheceu muita gente importante para seu crescimento profissional.

Um deles foi um vice-presidente do Banco Ibi que, por meio do GESC, conheceu Alvino e soube sobre sua experiência com implementação SAP — que era exatamente o que a instituição financeira precisava naquele momento. "Quando você muda de empresa depois de muito tempo, pega velocidade na mudança. No banco era uma demanda enorme, e eu nunca tinha trabalhado no setor. Então, comecei a me pressionar mais para entender do setor e a pensar sobre a questão das competências, do que eu poderia usar do que já havia desenvolvido", explica.

A força do social

No Banco Ibi, Alvino continuou em sua atuação no GESC e, por meio dela, recebeu o convite para liderar a Liga Solidária, instituição centenária fundada em 1923 sob o nome de Liga das Senhoras Católicas de São Paulo. "Quando recebi o convite, pensei: 'deixa eu ser feliz'. Isso porque a Liga alinhava meus propósitos e competências", diz. Organização da Sociedade Civil (OSC) sem fins lucrativos, a instituição auxilia crianças, jovens, adultos e idosos em vulnerabilidade social por meio de programas de educação, longevidade e cidadania. Para executar esse propósito, a Liga mantém escolas e lares para idosos localizados em São Paulo. "Quem me indicou foi a Olga Colpo, que estava na PWC na época, e também passou pela FIA em outra turma do MBA Executivo Internacional", conta.

Com cerca de 1.350 colaboradores em regime CLT e 24.000 pessoas atendidas pelos projetos sociais, a OSC funciona por meio de um sistema de cofinanciamento, que engloba verbas de pessoas físicas, empresas, governos e negócios filantrópicos voltados para capitalizar a operação da instituição. "Tudo isso me deu bastante ânimo de vir para cá", diz Alvino, que chegou à Liga em 2006 e continua lá até hoje — o que soma quase 17 anos de casa.

Como superintendente, Alvino tem liderado diversas rodadas de planejamento estratégico para definir quais ações precisarão ser tomadas frente aos desafios da instituição que são, nas palavras do executivo, “enormes”. No momento, a Liga se prepara para crescer. “A demanda pelas nossas ações de educação e cidadania são grandes. Preciso fazer com que a organização cresça, mas se mantenha eficiente e segura. Esse é o principal desafio”, explica. No momento, há 45 projetos sendo desenvolvidos na OSC, desde a implementação do sistema SAP até projetos pedagógicos nas escolas em que atuam. Além disso, a Liga se prepara para uma grande expansão: uma parceria com o BNDES possibilitará que a instituição atue em cinco capitais do nordeste em cinco anos. “Essa fase precisa ser muito bem cuidada, nossa ideia é dobrar o tamanho da organização nos próximos quatro anos. É o momento de desenvolver pessoas, inovar e melhorar a produtividade. Queremos crescer de forma organizada e financeiramente equilibrada”, explica. “É uma fase maravilhosa, fizemos nosso primeiro programa de *trainee*, aplicamos a Teoria da Mudança e estamos crescendo.”

Uma nova realidade

As principais áreas de atuação da Liga Solidária — educação e lares para idosos — foram especialmente afetadas pela pandemia da covid-19. E isso, é claro, alterou a maneira de atuar, trazendo consequências que perduram até hoje. “Pegou todo mundo de tantas formas, que sempre ficarão marcas. Temos duas casas com 90 moradores idosos e fomos relativamente bem, exceto em abril e maio de 2020, quando houve um surto de covid e vários falecimentos. Mas contratamos uma especialista do Hospital Emílio Ribas e não tivemos nenhum caso de maio de 2020 até o final de 2021”, diz.

“Nas escolas, tivemos uma grande dificuldade com o ensino on-line no começo, porque, de uma hora para outra, todo mundo foi para casa — e são 2.000 alunos. A plataforma inicial que usávamos não deu certo, caía muito. Reprogramamos, treinamos os professores. Foi uma transição complicada, mas até hoje temos aulas híbridas e investimos na capacitação dos professores para cursos on-line”, conta.

Por sorte — ou melhor, competência prévia — a parte administrativa já estava pronta, desde 2019, para uma atuação à distância. Alvino já havia trocado todos os computadores por *notebooks*, e ele e sua equipe haviam implementado um Centro de Serviço Compartilhado (CSC) antes de a pandemia chegar. “Não tivemos nenhum problema com o trabalho remoto, funcionou muito bem. Tanto que, em 2022, nosso CSC foi eleito o segundo melhor do Brasil numa disputa de 240 empresas”, afirma.

Dos impactos da pandemia, o que Alvino sente que ainda está muito complexo é a saúde mental — tanto nos colégios quanto nas ações sociais. “O nível emocional está muito alto, temos brigas até nas famílias. Por isso, trabalhamos em programas de cultura de paz, com rodas de conversas para as crianças se expressarem. Mas um grande desafio que temos é o *bullying*."

Dentro da instituição, o cuidado com a saúde mental dos funcionários também segue forte. Desde 2021, a Liga Solidária tem uma psicóloga à disposição dos profissionais que lá trabalham — e a demanda só aumenta. "Ela começou atendendo dois dias por semana, agora tem agenda na semana inteira", diz Alvino que, para manter o ambiente sempre o mais equilibrado possível, faz conversas periódicas com a liderança. "Os líderes precisam ter muita comunicação e transparência, devem desenvolver a capacidade de ouvir mais o que as pessoas têm a dizer."

Visão de futuro

Um olhar sobre o que está por vir para negócios e pessoas

Ao refletir sobre o futuro, o olhar de Alvino recai sobre as gerações mais jovens que, afinal, serão as responsáveis por liderar no futuro que estamos construindo. E sua reflexão sobre os menos experientes é bastante positiva, pois eles parecem preocupados com as questões sociais, que são um desafio enorme. "Tenho percebido que a Geração Z está mais aberta a trabalhar no terceiro setor, muitos deles chegam ao primeiro emprego querendo fazer a diferença", explica. Por isso, na sua visão, os líderes precisam estar mais focados em mudanças e em criar condições de engajamento — como propósito forte, comunicação transparente e inovações nas condições de trabalho (ou seja, abraçar o modelo híbrido). "Os jovens que estão chegando são interessados em mudar o país por meio de diversas causas. No terceiro setor é mais fácil fazer isso, mas precisamos fazer em todos — como construir um propósito desse tipo em um banco? É uma questão a se pensar."

> ***Os jovens que estão chegando são interessados em mudar o país por meio de diversas causas.***
>
> ***Os líderes precisam ter muita comunicação e transparência, desenvolver a capacidade de ouvir mais o que as pessoas têm a dizer.***

Corajosa para buscar seus objetivos, Angela Pugliesi hoje atua com duas paixões: energia renovável e empoderamento feminino

Angela Pugliesi
Co-fundadora e CFO da Agni Solar Brasil
Energia
Turma 8 do MBA Executivo Internacional

Economista formada pela Pontifícia Universidade Católica de São Paulo (PUC-SP), Angela Pugliesi acreditava que, após a graduação, seguiria uma carreira acadêmica. "Pensei em fazer um mestrado porque adoro estudar", conta. Mas quando começou a trabalhar, não conseguiu vislumbrar como esse tipo de formação poderia ajudá-la no dia a dia. Seu início de carreira ocorreu no Grupo Abril, onde trabalhou na então holding do Grupo na parte de tesouraria. "Era como um banco com diversas áreas financeiras. Comecei como analista e fui passando por várias fases. Até que eu cheguei em um nível que queria entender melhor o que fazer com a minha carreira", diz.

Foi aí que um curso chamou a sua atenção: o MBA Executivo Internacional da FIA. "Fui até a escola e meus olhos brilharam. Resolvi aplicar para o curso", conta. O único detalhe é que, na época, Angela tinha apenas 26 anos — e o MBA já era voltado para profissionais com mais experiência. "Marcaram uma entrevista com o professor James Wright, e ele me disse que o perfil era de pessoas mais sêniores, que eu devia fazer um MBA em finanças, que o curso Executivo era para CEOs com um conteúdo mais abrangente. Mas era exatamente isso que eu queria", lembra. Ela tentou convencer o professor dizendo que, por ter uma experiência aprofundada em finanças, poderia até ajudar os outros colegas de turma nesse tema. O professor prometeu que pensaria no caso dela. E deu certo. Ela logo recebeu um contato dizendo que havia sido aprovada. "Foi uma decisão corajosa dele e me abriu um horizonte enorme. Eu era a mais financeira, meus colegas eram de outras áreas, engenheiros, CEOs. Foi uma jornada fantástica de um ano conciliando o curso e a criação do meu filho de dois anos na época. Foi pesado, mas valeu a pena", diz.

Atuação global

No Grupo Abril, Angela trabalhava lado a lado com a presidência, inclusive com Roberto Civita, a segunda geração de fundadores da companhia que, nos anos 1990, era a maior editora de revistas da América Latina. "Era uma empresa fantástica, com muita potência. Participei de grandes projetos, como o lançamento da revista Caras no Brasil: esperávamos um *breakeven* em 3 anos e aconteceu em 8 meses. Aprendi muito", lembra. Mas com o MBA concluído, Angela tinha o sonho de trabalhar numa multinacional — até para treinar e usar mais o seu inglês, que, numa empresa brasileira como a Abril, era um dos melhores. "Eu queria consolidar o idioma e entender a cultura. Fiz algumas movimentações e tive uma oferta. Não de uma multinacional, mas da Alpargatas, da Havaianas. Era uma oportunidade para ser gerente de relações com investidores, e eu me interessei pelo fato de a companhia ser de capital aberto, na qual eu iria aprender muito", explica.

Mas sua busca pela atuação internacional continuou, e ela teve a chance de realizar esse desejo, primeiro na Nortel Networks, uma empresa de telecomunicações, e, depois, na Phelps Dodge, onde ficou por dez anos. "Entrei como gerente e virei CFO. Era uma empresa que produzia cabos de energia, e trabalhávamos com todas as companhias de energia do Brasil", explica. Sua experiência como CFO a levou até a marca de itens de luxo Richmond, onde foi chefe de finanças por quase dez anos. "O MBA me abriu todas as portas. Eu lembro dos *headhunters* falando como a minha formação era boa, com MBA Executivo Internacional pela USP. Sou muito grata ao professor James Wright por ter me aceitado, porque eu era fora da curva, não era o padrão. E é isso que precisamos fazer no mercado corporativo: dar oportunidades para pessoas diferentes", diz.

Mudando de lado

Na época em que trabalhava na Phelps Dodge, Angela lidava o tempo todo com energia e os desafios de levar luz para lugares remotos. Ela era CFO da companhia durante o programa governamental Luz para Todos e vivenciava uma realidade complexa: nem sempre os clientes estavam preparados para criar a estrutura que uma rede de energia elétrica necessita para ser instalada. "Nossos clientes tinham um custo alto, e ainda precisavam conseguir licenças ambientais e construir estruturas. Conversando com um colega da empresa, perguntei qual seria o sistema de energia que faria mais sentido. E ele disse: solar, porque a complexidade é menor, só precisa instalar as placas e usar poucos cabos, não é necessário grande investimento. Isso era por volta de 2008, e o sistema ainda era muito caro na época. Mas me interessei pelo assunto e deixei guardadinho na cabeça", conta.

Em 2022, o tópico voltou à vida de Angela de uma maneira inesperada. Seu irmão, engenheiro de aviação que havia voltado recentemente do exterior para o Brasil, comentou com ela que estava fazendo um curso para talvez atuar em outra área. E o curso era exatamente sobre energia fotovoltaica. "Eu nunca tinha comentado com ele que sonhava em empreender nesse setor, mas aí sugeri que a gente abrisse um negócio", diz. Os dois, então, começaram a discutir o tema enquanto passavam um tempo juntos na chácara dos pais. "Montamos o *business plan* nas nossas caminhadas passeando com os cachorros. Meu irmão tem uma ótima visão e seria o nosso diretor técnico. E eu comecei a viabilizar o projeto financeiramente", explica. Naquele momento, ela ainda estava trabalhando na Richmond, mas a vontade de empreender em uma área que a apaixona a fez deixar o mundo corporativo. "Negociei a minha saída, fiz a transição para outra pessoa, e abrimos a empresa no ano passado mesmo. Assim nasceu a Agnes Solar."

Atualmente, Angela e seu irmão estão estruturando a companhia, mas já trabalham em alguns projetos e aprendem muito todos os dias. "Temos muito cuidado para estruturar os projetos, porque temos que evitar todos os riscos envolvidos. Mexemos com vidas e temos que ser completamente responsáveis. Estamos numa curva de aprendizado enorme", explica. O que a apaixona no setor de energia solar é a possibilidade de dar mais autonomia e qualidade de vida para as pessoas. Um de seus clientes exemplifica bem o propósito que ela e o irmão enxergam no trabalho. "Nosso slogan é autonomia com economia. Um dos nossos clientes precisava aquecer a piscina para que a esposa pudesse fazer um exercício importante para a saúde dela. Mas com a energia elétrica, seria caro demais, eles não dariam conta. Então achamos a alternativa da energia solar. Agora a esposa pode ter mais saúde sem que eles precisem pagar uma conta de luz de 3 mil reais por mês", conta.

Força feminina

Durante um tempo de sua carreira, Angela não sentia nenhum tipo de preconceito por ser mulher em um ambiente masculino como o das finanças. "Eu não tinha essa noção, eu simplesmente ia e me jogava. Era até bom ser ignorante", diz. Mas aos poucos foi percebendo que muitas vezes ela era uma das únicas mulheres dos ambientes que frequentava. "Na PUC, éramos cinco numa classe de 25. No MBA, três numa classe de umas 25 pessoas também. É uma carreira muito solitária porque ficamos sozinhas como mulheres."

Essa constatação foi bem forte em um evento para CFOs organizado no Guarujá, no litoral de São Paulo: dos 120 presentes, havia somente 20 mulheres. “Você entrava naquele ambiente e só via ternos escuros. Então, nós, mulheres, nos unimos ali, fizemos amizade, começamos a falar da pouca diversidade de gênero que existe no mercado corporativo, de forma geral, e especialmente na área de finanças”, lembra. Desse convívio nasceu o WCFO, Women Finance Leaders Group, que tem como premissa apoiar mulheres que estão nesse mercado e que querem crescer e se desenvolver.

Fundado em 2021, o grupo começou com 30 associadas e, agora, já tem 120. Angela é a atual presidente ao lado de sete diretoras. O WCFO dá apoio para o desenvolvimento das participantes — desde orientações técnicas e comportamentais, passando por eventos e *networking* e chegando a oportunidades de carreira. “Os *headhunters* descobriram a gente e nos ligam pedindo indicações”, explica. A mentoria gratuita é outro braço importante do grupo. “Fazemos seis sessões de mentoria e finalizamos em um grande evento de *networking* para mulheres”, diz. O último foi feito no Museu de Arte Moderna de São Paulo (MAM), no qual as participantes tiveram a oportunidade de ter o espaço só para si, com direito a café da manhã, palestras e visita guiada ao acervo da instituição. A WCFO atua como se fosse uma pirâmide: no topo estão as CFOs; no meio estão as profissionais em média carreira que querem ascender e recebem treinamento e mentoria; e na base estão as mulheres em vulnerabilidade, que ganham cursos de finanças pessoais e empreendedorismo por meio de parcerias feitas com ONGs. “Muitas sustentam a família com pequenos negócios, mas não sabem calcular custos e resultados. Então levamos essa consciência para elas de forma lúdica — o que foi um desafio para nós, CFOs, que adoramos uma planilha.”

Pensando em sua trajetória como mulher em um setor masculinizado, Angela acredita que um dos seus grandes aprendizados — que leva para suas mentoradas e para outras mulheres — é o de nunca desistir. “Outro dia eu vi uma frase que me tocou: ‘Descanse antes de desistir’. Muitas vezes é isso, você está exausta como profissional e precisa parar. Mas vemos, infelizmente, muitas mulheres desistindo porque o mercado é muito masculino”, diz. Para ela, é preciso traçar estratégias para chegar até onde se deseja.

Mas isso só é possível com a saúde em dia. “Sempre falei para as minhas equipes que em vez de ficar preocupado porque precisa ir ao médico no meio do dia de trabalho, o importante é ir ao médico. Temos que nos cuidar porque nenhuma empresa vai cuidar de nós. Um aprendizado muito importante é que, se você não se cuida, se o seu corpo e sua mente não estão bem, não conseguirá ser um bom profissional.”

Visão de futuro

Um olhar sobre o que está por vir para negócios e pessoas

A diversidade é um tema caro a Angela, mas não apenas por ela ser uma mulher que atuou durante décadas em uma área masculina, mas também porque acredita que esse é um dos grandes temas para construir o futuro dos negócios e uma sociedade melhor. Recentemente, ela soube de um caso de uma fundadora de startup que não conseguiu concluir seu *pitch* — a apresentação rápida sobre um negócio para investidores — porque foi interrompida diversas vezes pelos homens da plateia. Isso foi um estímulo para que ela refletisse, em um texto, sua percepção sobre a importância da diversidade e da inclusão. "Os homens precisam apoiar a diversidade, abrir caminhos para mulheres que poderiam ser suas mães, ou esposas, ou filhas."

Um futuro que aceite — e inclua — mais é fundamental também para a saúde das minorias. Muitas mulheres, por exemplo, tentam se forçar para serem aceitas em universos que não têm nada a ver com elas — como foi o caso de uma das mentoradas de Angela, que tentou entrar em um "clube do charuto" para se sentir mais integrada entre seus pares, mas detestou cada minuto. "Querer ser aceito é humano, mas a gente não pode se flagelar para isso, é um sacrifício monstruoso. Então, temos que criar ambientes agradáveis que abracem a diversidade, senão teremos impactos na saúde das pessoas", pontua. A empreendedora acredita que esse caminho já está sendo trilhado, mas que ainda há muito a se fazer para um futuro mais diverso. "Sem diversidade de gênero, de raça, de religião, de idade, de opiniões, a gente não vai conseguir evoluir como sociedade. Precisamos aceitar os outros."

"Se você não se cuida, se o seu corpo e sua mente não estão bem, você não conseguirá ser um bom profissional.

Sem diversidade de gênero, de raça, de religião, de idade, de opiniões, a gente não vai conseguir evoluir como sociedade. Precisamos aceitar os outros."

Com muito Otimismo

Otimista confesso, Antonio Lemos acredita que vivemos em um momento de grandes oportunidades, e que as pessoas são o bem mais importante para as empresas

Antonio Lemos
Presidente da Voith Paper na América do Sul
Indústria
Turma 35 do MBA Executivo Internacional

Quem for olhar a carteira de trabalho de Antonio Lemos só encontrará um empregador em seus mais de 30 anos de carreira: a Voith Paper. Companhia alemã que produz maquinário para a indústria de papel, a multinacional foi a primeira experiência profissional de Antonio. "Eu não sei se isso é certo ou errado, mas essa é a minha trajetória", diz. Na época de estudante de Engenharia no Centro Universitário FEI, a Voith era um dos estágios mais concorridos, por isso ele se interessou e se candidatou. Deu certo. Três décadas depois, tornou-se presidente da companhia para a América Latina — seu cargo atual.

Embora seja engenheiro em uma indústria, a carreira de Antonio não foi voltada para a operação, mas para a área comercial — que conheceu em sua rotação por diferentes setores na sua época de estagiário. "Eu sou de vendas e acredito que toda empresa tem que ser muito puxada por vendas. Fui crescendo e adquirindo experiência, mas sempre muito ligado à experiência do cliente", explica. Sua trajetória deu uma guinada quando ele se voluntariou para uma área nova na companhia, voltada para produtos e serviços mais ágeis do que o maquinário tradicional da indústria papeleira. "Uma máquina de papel tem um ciclo mais longo, eu gostava das pequenas reformas, dos produtos e serviços. Então, bati na porta do meu diretor na época e falei que queria fazer parte. Montamos a área e fomos crescendo", conta.

A experiência bem-sucedida como presidente do departamento de produtos e serviços na Voith no Brasil o levou a ser convidado para se tornar presidente da multinacional na América do Sul. "Nosso desafio é pegar nossa tradição de 60 anos no mercado brasileiro e satisfazer clientes em um ambiente de negócios cada vez mais complexo", explica. "Há muita oportunidade, porque o consumo *per capita* de papel ainda é baixo na América do Sul, há muito espaço para crescer", explica. Além disso, o setor se beneficia de uma tendência global ligada à sustentabilidade: a substituição do plástico. "O papel é o produto mais reciclável neste planeta e substitui com perfeição o plástico."

Crença no Brasil

Antonio se define como um sonhador. "Às vezes até demais", brinca. E essa sua característica o leva a acreditar — não apenas com base em desejos, mas em argumentos concretos — que o Brasil ainda tem um grande potencial pela frente. "Tenho dois filhos, de 20 e 22 anos, e nenhum dos dois quis sair do Brasil porque, assim como eu, acreditam no país. Temos mais de 7 mil quilômetros virados para o Atlântico, água doce, bom clima. Tudo aqui é favorável ao crescimento. Em um curso que fiz no Insead, eles mostraram que, se o Brasil crescesse na velocidade da Coreia do Sul, seríamos a maior potência do mundo", diz.

O problema é que ainda é preciso melhorar muito os índices de desenvolvimento humano — e o ambiente de negócios — para que o país alcance todo esse potencial. "Não temos um bom IDH: 33 mil pessoas ainda passam fome. Assim que as pessoas conseguirem ter mais renda e se alimentar mais, as coisas vão melhorar." Mesmo nesse cenário desafiador, Antonio segue com um olhar positivo. "Eu vejo com otimismo o espaço para crescimento da indústria brasileira."

Empresas sinceras

Durante sua trajetória longeva, Antonio teve alguns momentos marcantes. Um deles foi a possibilidade de viver durante um ano e meio na Alemanha. "É um país fantástico em que seus direitos são preservados. Sempre gostei muito da sinceridade dos alemães, de serem diretos e retos. Isso é algo que falta nas organizações brasileiras", diz.

A sinceridade, aliás, foi fundamental para que o executivo conseguisse enfrentar um dos períodos mais desafiadores de sua carreira: convencer uma companhia altamente técnica acostumada a atuar na indústria sobre a importância de também atuar com serviços e ter mais proximidade com os clientes — desafio que assumiu pouco tempo depois de cursar o MBA Executivo Internacional do Profuturo/FIA, que o ajudou na empreitada. "A Voith sempre foi uma indústria de máquinas pesadas, sempre tivemos paixão por discutir ângulos, nível de vácuo, essas coisas técnicas. Quando fui liderar a área de produtos e serviços, tive o desafio de mostrar a todos que servir bem os clientes gera mais negócios", lembra. "Todo mundo me olhava meio desconfiado no começo, e eu precisava trazer os talentos para esse lado, embora eles preferissem ir para a indústria. Mas, com o passar dos anos, mostramos que servir agrega valor à operação. A área saiu do zero para se tornar lucrativa."

E esse raciocínio de servir bem o cliente continua com Antonio em sua posição atual. Para ele, é papel das empresas influenciar a experiência de seus consumidores — e manter a atenção ao que vai além do dia a dia do negócio. "Temos competidores locais muito bons que tornam a competição mais aguerrida. Agora o que vale não é mais só construir a melhor máquina. O que vai fazer a diferença é quem for mais sustentável e tiver produtos digitais. O ambiente de negócio está mudando, e você tem que se atualizar todos os dias", explica. Só assim será possível enxergar — e transmitir com sinceridade — aquilo que fará a diferença para que as empresas se fortaleçam no presente para construir o futuro.

Visão de futuro

Um olhar sobre o que está por vir para negócios e pessoas

Como não existe nenhum futuro possível sem seres humanos, Antonio acredita que a competência fundamental para os gestores desenvolverem é a capacidade de se relacionar e liderar pessoas. "O mais importante é criar uma gestão humanizada, identificar o que há de melhor nas pessoas e conseguir formar bons times", afirma. Por isso, a preparação para o futuro está muito mais perto de nós do que da tecnologia e da inteligência artificial, tão discutidas atualmente. "O alicerce de uma boa carreira são as pessoas. Você precisa entender de gente para entender do seu negócio — da portaria à distribuição do seu produto. Do contrário, nunca será um bom gestor."

> ***O mais importante é criar uma gestão humanizada, identificar o que há de melhor nas pessoas e conseguir formar bons times.***
>
> ***Eu vejo com otimismo o espaço para crescimento da indústria brasileira.***

No Lugar Certo

À frente da companhia de sua família, Bruno Bassi foi colocado à prova em um dos momentos mais complexos da história recente da nossa sociedade: a pandemia da covid-19

Bruno Bassi
CEO no Grupo Açotubo
Indústria
Turma 54 do MBA Executivo Internacional

Formado em engenharia de produção mecânica, Bruno Bassi é a segunda geração da empresa de sua família, o Grupo Açotubo, fundado por seu pai e tios. A indústria, que oferece produtos e soluções à base de aço, está presente nos estados de São Paulo, Minas Gerais, Rio de Janeiro, Paraná, Santa Catarina, Rio Grande do Sul, Bahia e Goiás — além de possuir unidades internacionais no Peru e na Colômbia. A carreira de Bruno começou — e continua — na empresa familiar. “Fiz meu estágio aqui e, ao lado de minha irmã e de três primos, represento a segunda geração da empresa”.

O executivo de 39 anos, que completou 20 anos de companhia em janeiro de 2022, passou por diversas áreas até assumir sua posição atual de CEO. Tudo começou com o estágio em engenharia, época em que pôde conhecer com detalhes os processos de qualidade e de manutenção da indústria. Depois, teve a oportunidade de passar pela área de desenvolvimento de produtos, onde implementou a célula de produtos trefilados — como tubos e vergalhões — e pôde seguir posteriormente para cargos de coordenação e de gerência, até se tornar gerente executivo corporativo — função em que deixou de lado a atuação mais técnica e industrial, que tinha até então, para ter um olhar de gestão.

“Embora eu não tenha feito tanto *benchmarking* externo como outros executivos, passei por muitos processos dentro da empresa da minha família e aprendi sobre todos os departamentos. Isso me desenvolveu e também me deu rodagem para entender áreas que não são as da minha formação, como o jurídico, por exemplo”, diz. “Passar pelo industrial e pelas áreas administrativas abriram a minha cabeça para muitas coisas. Foi um bom caminho para mim.”

Mesmo com essa experiência prática no dia a dia e com um MBA em gestão, Bruno sentia que precisava ampliar ainda mais o seu conhecimento executivo. Isso porque o Grupo Açotubo estava começando a discutir com mais profundidade o processo de sucessão. Foi assim que, em 2019, Bruno ingressou nas salas de aula do MBA Executivo Internacional da FIA. “A família estava discutindo que a primeira geração ficaria no conselho e que a operação seria assumida pela segunda geração. No meio desse processo, eu estava fazendo o MBA", explica. "Era um momento em que eu precisava consolidar as minhas competências." Para ele, foi uma grande experiência. "Além da parte acadêmica, o que foi importante para mim foi o fato de que os professores traziam exemplos recentes do mundo corporativo", lembra. Além disso, o *networking* também fez a diferença — afinal, por estar na empresa da família desde jovem, ele não tinha tanto contato com pessoas de outras indústrias. "Eram pessoas de nível bem alto."

Como estava se preparando para assumir a companhia da família, o MBA ajudou Bruno a "juntar as pontas", unindo em teorias e em exemplos práticos tudo aquilo que ele já havia vivenciado — ou estava vivenciando no momento. "Eu pude amarrar a questão da sucessão com todas as disciplinas necessárias e desejadas para a liderança, como RH, finanças, riscos, marketing, investimentos. Tudo o que aprendi me engrandeceu, as coisas fizeram sentido e encaixou o *timing* de eu assumir como CEO", conta.

Dois desafios ao mesmo tempo

As empresas familiares brasileiras são bem diferentes entre si, cada uma tem o seu tempo em termos de profissionalização ou sucessão. No caso do Grupo Açotubo, as conversas sobre esse tema começaram há cerca de dez anos, e o processo foi conduzido gradativamente. "A gente sempre buscou a profissionalização. Fui ocupando uma posição natural. Nunca ninguém apontou o dedo, mas meus pais e meus tios esperavam que alguém da família assumisse a empresa", diz.

O espaço natural foi preenchido mais rapidamente do que ele e sua família imaginavam devido a algo que ninguém poderia prever que acontecesse: a pandemia da covid-19. "Optamos por colocar todos os que podiam trabalhar remotamente em casa e ficamos eu e meus diretos presencialmente, porque entendemos que isso daria mais agilidade", conta. "Meu pai e meus tios ficaram em casa por conta da idade e de comorbidades. Esse foi o momento em que ocupei um espaço natural, até porque a gestão deles é mais presencial", explica.

Embora estivesse como uma espécie de "CEO interino", Bruno imaginou que, quando a crise sanitária arrefecesse, a sucessão voltaria para o estágio anterior, e eles levariam mais um tempo para oficializar a questão. Mas ele se saiu tão bem no papel, que os fundadores entenderam que não faria sentido adiar a passagem de bastão por mais tempo. Por isso, no final de 2020, tudo foi oficializado. "Eu brinco que eles me deram um carro para eu fazer *test-drive* na estrada mais pedregosa que existe. Foi o maior aprendizado da minha carreira porque juntou duas coisas enormes: a pandemia e a sucessão", explica. Durante a crise sanitária, a empresa conquistou bons resultados: devido à valorização do aço no mercado, foi possível contratar pessoas, expandir e iniciar uma operação na Colômbia.

Mesmo com 20 anos de casa, Bruno se sente desafiado todos os dias — e isso faz com que ele continue com vontade de seguir sua missão na empresa da família. "Temos uma diversidade de atuação enorme — atendemos de empresas de caminhão a uma startup que está construindo um foguete —, somos líderes em todos os produtos em que atuamos, temos expansão internacional e estamos sempre empreendendo. Já realizei muito, e podemos realizar ainda mais."

Visão de futuro

Um olhar sobre o que está por vir para negócios e pessoas

Por mais que a tecnologia avance, Bruno acredita que nada é mais importante em uma gestão do que as pessoas. "Devemos olhar o indivíduo não imaginando que todos são iguais, que existe um padrão. Mas liderar entendendo as necessidades e os anseios de cada um", sugere. E isso é importante especialmente em uma época em que a tecnologia está mediando muitas das relações interpessoais. "Nas equipes virtuais, não dá para ler tudo. Então, quando possível, é necessário cultivar o olho no olho para ver e ouvir as pessoas", explica.

Por ter sido um líder jovem, Bruno aprendeu — e ainda aprende — na prática a como liderar pessoas. "São grandes aprendizados nesse sentido. Às vezes não identificamos um talento ou perdemos bons profissionais por pouca coisa, por decisões que não foram tomadas tão rapidamente. Precisamos sempre ficar atentos a isso enquanto líderes."

> ***Eu brinco que me deram um carro para eu fazer test-drive na estrada mais pedregosa que existe. Foi o maior aprendizado da minha carreira porque juntou duas coisas enormes: a pandemia e a sucessão.***
>
> ***Às vezes não identificamos um talento ou perdemos bons profissionais por pouca coisa, por decisões que não foram tomadas tão rapidamente. Precisamos sempre ficar atentos a isso enquanto líderes.***

Na Estrada

Com uma trajetória construída essencialmente na área da logística, Bruno Tortorello tem o desafio de liderar uma empresa de um dos setores que mais cresceram com a pandemia da covid-19: o e-commerce.

Bruno Tortorello
CEO da Jadlog DPD
Logística
Turma 44 do MBA Executivo Internacional

Um engenheiro civil politécnico que se encontrou no mundo da logística. Em poucas palavras, é assim que podemos resumir a trajetória de Bruno Tortorello, atual CEO da companhia Jadlog DPD. Quando saiu da Escola Politécnica da Universidade de São Paulo, Bruno decidiu que não seguiria a carreira em consultoria, em que havia feito estágio, mas tentaria entrar em algum programa de *trainee* — e o da Editora Abril o atraiu.

Em 2001, ele começou a trabalhar na companhia e passou por diferentes áreas, como finanças, marketing e tecnologia. No final do programa, ficou alocado no departamento de logística, cuidando especificamente da logística das publicações da Abril, que era liderada pela Dinap, a distribuidora do Grupo voltada para os produtos editoriais. "O meu primeiro desafio profissional foi implementar um projeto de reestruturação da Dinap, que era mais distante do Grupo e até vista como uma empresa à parte, como braço de vendas da Abril", explica. Conforme evoluía em sua trajetória, Bruno sentiu que precisava desenvolver suas competências de gestão — por ser engenheiro, não tinha uma base em administração. Por isso, buscou o curso da Fundação Getulio Vargas, o Ceag, programa de administração voltado para quem não tem formação na área. Na Dinap, ele cresceu e passou por diferentes funções, como planejamento estratégico e desenvolvimento de negócios até se tornar diretor comercial, atendendo os editores das revistas da Abril e encontrando novas formas de comercializar as publicações. "O desafio era como vender em uma época na qual as bancas já estavam perdendo a relevância. Então, desenvolvi um projeto para criar canais alternativos de vendas", explica. Com isso, as revistas passaram a ser comercializadas em supermercados, por exemplo. Depois dessa experiência, Bruno assumiu uma posição em operações para conduzir a fusão da Dinap com a Fernando Chinaglia, distribuidora que foi adquirida pela Abril em 2011. "Meu desafio era integrar culturas, unificar as operações, os centros de transporte e de distribuição. Além de reduzir custos e otimizar processos."

A força do e-commerce

Bruno seguiu na Dinap até se tornar diretor geral e ser convidado a trabalhar na Treelog, o braço de operações da logística de distribuição da Abril. Ali, seu desafio foi unificar as operações físicas da Treelog com a Total Express, companhia especializada em entregas que havia sido comprada pela Editora. "Foram dois anos nesse processo, estudando como aproveitar a malha de distribuição das publicações para distribuir também por *e-commerce*. Foi meu primeiro contato com logística de *e-commerce*", explica.

Isso aconteceu em 2015 e, dois anos depois, o executivo foi chamado para assumir o cargo de direção geral da Total Express. "Era um momento muito difícil para a Abril, pois a Total estava deficitária, consumindo caixa da Editora, e era crucial enxugar a operação", explica. Bruno e sua equipe conseguiram conquistar o *breakeven* para a companhia, mas mesmo assim a situação continuava delicada. "A visão de futuro em comprar a Total era correta, pois o mercado de *e-commerce* tem oportunidades. Mas é algo de longo prazo e, na época, era difícil ser sustentável", diz.

Com essa dificuldade financeira, a Abril decidiu que tentaria vender a Total para aumentar o caixa da companhia. "Fiz muitos *road shows* com potenciais compradores e em um deles conheci o presidente do conselho da Jadlog, que tinha sido adquirida pelo GeoPost *[importante empresa de logística da Europa]*. Nós nos entendemos bem, tivemos um bom contato, e ele me chamou para assumir a Jadlog no Brasil", conta. O objetivo do convite era fazer a relevância da companhia aumentar no Brasil, especialmente no mercado B2C. "E isso é algo que eu conhecia muito", explica.

Assim, em 2018, Bruno assumiu a direção da empresa na qual continua até hoje. Durante esses cinco anos, o executivo liderou o crescimento e a profissionalização do negócio. "Hoje somos de sete a oito vezes maiores do que éramos quando entrei", explica. Um de seus grandes desafios foi o de profissionalizar uma empresa familiar que tinha uma equipe muito competente, mas pouco acostumada a processos formais de gestão, como KPIs, gestão de orçamento, estrutura de gestão de pessoas e de controladoria. Mas a jornada tem dado certo. "Não precisamos trocar pessoas para profissionalizar a empresa, mas transformar as que já estavam aqui para que a gente pudesse crescer de maneira consistente. A maioria dos diretores, por exemplo, é o mesmo de quando eu entrei."

Como líder, Bruno se apoia em seus aprendizados para gerenciar e influenciar as pessoas nas empresas por onde passa. E o MBA Executivo Internacional do Profuturo/FIA, que cursou em 2014, trouxe ferramentas importantes para isso. "Abriu a minha cabeça para uma visão estratégica diferente, para questionamentos de recursos humanos, tecnologia, digitalização", conta. "Além disso, consolidou a minha percepção sobre a importância de analisar as variáveis macroeconômicas, que não são 100% aplicáveis em um negócio, mas importantes para avaliar cenários futuros", explica.

Esse raciocínio foi relevante durante o período da pandemia da covid-19, quando a demanda pelo *e-commerce* estourou quase da noite para o dia. "Não paramos um segundo. Assim que a pandemia foi instituída, afastamos os profissionais de grupos de risco, colocamos todos em *home office* e começamos a revisitar processos para dar mais segurança tanto aos nossos profissionais quanto aos franqueados — temos mais de 500. Em um ano, quase dobramos de tamanho", conta. O olhar humanizado foi crucial nesse período. "A cada entrega que o franqueado fazia, pagávamos um adicional para ele poder arcar com custos extras. Os motoristas que pegavam covid ganhavam um mês de remuneração extra para poder se recuperar. Nosso sistema tem 12 mil pessoas, então, criamos teias sociais para protegê-las e atender às necessidades do país", explica.

Depois do rápido crescimento do setor, o cenário atual do *e-commerce* é de acomodação. "Existe bastante concorrência, já que o mercado é promissor, além do aumento da exigência dos consumidores, que querem entregas cada vez mais rápidas e processos mais digitalizados", diz. Além disso, é preciso operar em uma dicotomia entre o digital e o físico. "É um choque de dois mundos: a compra é on-line, mas a entrega acontece no mundo físico, com centro de distribuição, estradas e caminhões."

Visão de futuro

Um olhar sobre o que está por vir para negócios e pessoas

Bruno acredita que, para que tenham relevância no futuro, os profissionais deverão lidar cada vez mais com o mundo híbrido — o que é um desafio e tanto, especialmente para os gestores. “Saber como engajar e motivar pessoas à distância é um ativo. Quem tiver isso bem desenvolvido se sairá melhor”, diz. Para isso, o executivo orienta que é necessário ter conhecimento de tecnologia — algo que não deve ficar restrito apenas aos profissionais de TI, como acontecia antigamente. “Para avançar e evoluir, é essencial entender como a tecnologia pode transformar o seu negócio e a vida das pessoas. Como os ciclos são mais curtos hoje, precisamos estar antenados e dispostos a testar e a inovar para nos mantermos relevantes.”

“

É um choque de dois mundos: a compra é on-line, mas a entrega acontece no mundo físico, com centro de distribuição, estradas e caminhões.

Como os ciclos são mais curtos hoje, precisamos estar antenados e dispostos a testar e a inovar para nos manter relevantes.

”

Encontrando a Própria Voz

Daniel Anderson tinha uma inquietação no mundo corporativo, que não sabia como resolver. O autoconhecimento o fez entender que seu caminho estava no empreendedorismo de impacto social

Daniel Anderson
CEO e cofundador da Helppi
Serviços
Turma 50 do MBA Executivo Internacional

Filho de um inglês e de uma brasileira, Daniel Anderson foi criado transitando entre as duas culturas, com idas e vindas entre Brasil e Reino Unido. E essas constantes mudanças de perspectiva o estimularam a desenvolver algo importante para a sua trajetória profissional: a veia empreendedora. “Eu atribuo muito o meu espírito empreendedor a visões diferentes que tive nos dois países, o que me ajuda a enxergar oportunidades”, diz o empresário que cursou ensino médio e faculdade no Reino Unido, pois sua família foi morar fora do Brasil no final dos anos 1980. “O Brasil estava complicado, e acabamos nos mudando para a Inglaterra. Fiz faculdade em Administração porque tinha essa vontade de empreender muito forte em mim, mesmo sem saber como minha carreira seria construída.”

Com o diploma no bolso, Daniel queria voltar às terras brasileiras, porque acreditava que o país precisaria mais dele do que o Reino Unido. “Eu achava que seria mais útil aqui, e vários amigos diziam que eu era louco”, conta. O retorno não foi imediato, mas aconteceu. Daniel encontrou oportunidade de trabalho por meio de uma entidade com financiamento da comunidade europeia que auxiliava empresas de pequeno e médio porte recrutando recém-formados para trabalhar nelas fazendo pesquisa de mercado para, no futuro, levar as companhias para outros mercados. E existia uma organização inglesa do ramo de equipamentos industriais, a Clyde Process, que queria entrar no Brasil por conta da abertura do mercado local. Daniel se candidatou e conseguiu a vaga. “Eu não sabia nada sobre as indústrias para as quais a empresa vendia, mas esse meu lado vendedor e empreendedor me ajudou, e deu certo.”

O que era para ser um período de 6 meses se transformou em uma jornada de 13 anos", diz. O começo foi duro: ele trabalhava de casa numa época em que a internet ainda era incipiente, afinal, estávamos no fim dos anos 1990. "Usava a lista telefônica para fazer *cold calls*, mas entrei em contato com grandes empresas que eram nosso alvo, como Vale, Votorantim e CSN", diz. Com o sucesso dos contatos e das vendas, Daniel cresceu na companhia e conseguiu o aval para abrir uma operação no Brasil, em São Paulo. "Virei *country manager* com 28 anos em um escritório com três pessoas que depois se tornou responsável por 25% do EBITDA do grupo. Eu estava muito feliz, me sentindo realizado, porque vendíamos equipamentos industriais de grande porte com tecnologia ambientalmente responsável, e ainda gerávamos muitas oportunidades para muitas pessoas na cadeia de produção", conta.

Tudo ia bem até a crise global de 2008, que teve um grande impacto nas vendas. "Muitos projetos dos quais dependíamos foram cancelados, e despencamos", explica. O impacto foi grande, e a companhia acabou sendo vendida para o Schenck Process Group, quando Daniel ficou cerca de um ano à frente da empresa para conduzir a transição.

Período de reflexão

Com a saída da sua companhia anterior, o executivo aceitou um convite para trabalhar na canadense Solex Thermal Science com o objetivo de liderar as operações no Brasil e nas Américas Central e do Sul. "Era um desafio similar ao anterior: fazer a empresa crescer do zero. Mas dessa vez no mercado de soja, açúcar, minerais." Embora fosse um cargo interessante, no qual Daniel permaneceu por cerca de sete anos, o momento o fez refletir muito sobre o seu futuro. "Eu estava com 40 anos e pensando se a minha vida ia se resumir a isso. Sentia que estava longe de alcançar o potencial e as aspirações que eu tinha, mas ainda não sabia tangibilizar o que realmente eu queria", conta. "Eu era uma pessoa reconhecida no meio industrial e, independentemente do que acontecesse, poderia exercer essa função o resto da vida. Estava na zona de conforto, mas com essa inquietação: como alcançar meu potencial?"

A questão que martelava na cabeça de Daniel ficava um pouco difícil de ser solucionada, porque ele estava inserido em um mercado específico — e isso acabava diminuindo sua visão para novas possibilidades e oportunidades. "Conhecia pouco outras áreas. Sentia que precisava respirar novos ares e participar do que estava acontecendo", explica. Por isso, ainda na Solex, resolveu cursar um MBA e encontrou na FIA a melhor opção para o seu momento e seus objetivos. "Teve muito autoconhecimento na jornada", conta.

Um dos conceitos que tocaram fundo em Daniel foi o do Ikigai, que leva as pessoas a refletirem que a realização pessoal pode estar na convergência entre aquilo que você sabe fazer, o que você gosta de fazer e o que você faz bem para os outros. "Essa parte do outro era a minha inquietação que o conceito tangibilizou", explica. Também veio à tona o fato de que, muitas vezes, só é possível dar grandes saltos quando saímos da zona de conforto. Esses dois insights se conectaram a algo com o qual Daniel já se identificava: negócios de impacto social. "Em uma matéria do MBA, conheci mais sobre o valor do capital social e o capitalismo consciente, que traz a percepção de que é possível unir lucro ao impacto social e ambiental", diz. A teoria foi aplicada como base para o TCC de Daniel e de seu grupo, que analisava como resolver o problema da sazonalidade no varejo e como gerar oportunidades para pessoas que precisam trabalhar. "Fizemos o trabalho em 2018 e recebemos *feedbacks* tão positivos da banca e dos outros alunos que vimos ali a oportunidade disruptiva de causar impacto." Assim, dentro do MBA Executivo Internacional, nasceu a startup de Daniel, a Helppi.

Novo momento

No segundo semestre de 2019, depois de um período de descanso de seis meses, ao lado de outros três fundadores — Adriano Spressola (CTO — Chief Technology Officer), Fábio Manzini (CRO – Chief Revenue Officer), seu ex-colega de turma do MBA, e Karina Gouveia (Head de Operações) —, começou a desenhar o plano de negócios da companhia. Primeiro, a ideia era ter um aplicativo de vendas sob demanda, mas eles perceberam que seria melhor mudar o enfoque para contratação de mão de obra. O objetivo da startup é conectar profissionais de vários serviços do varejo — reposição, estoque, promoção — a empresas que precisam de profissionais, além de oferecer formação. "Mais de 1.500 pessoas passaram pela Academia Helppi, e muitas estão empregadas de maneira integral pelas empresas nas quais trabalharam por meio da Helppi", diz Daniel.

Mais do que um aplicativo de oferta de serviços, a Helppi tem uma missão educacional de oferecer cursos gratuitos aos profissionais cadastrados na plataforma e capacitá-los não apenas como profissionais, mas como cidadãos. "Estamos criando cursos de educação financeira, tem um mundo pela frente." Com uma média de avaliação positiva de 4,8, numa escala que vai até 5, Daniel acredita que a startup pode ajudar a resolver problemas sérios da *gig economy*, tornando o setor mais humanizado e gerando oportunidades de desenvolvimento real para as pessoas — seu desejo é ser o melhor lugar para esses profissionais trabalharem. "Estamos estudando oferecer plano de saúde para os participantes mais assíduos, por exemplo. Queremos oferecer o primeiro degrau, a oportunidade para aqueles que nunca trabalharam no varejo possam ingressar no setor, se desenvolver e crescer."

Visão de futuro

Um olhar sobre o que está por vir para negócios e pessoas

A sociedade está se tornando cada vez mais consciente sobre a importância das pautas do meio ambiente e do desenvolvimento social. É nisso o que acredita Daniel, que afirma que a temática do ESG veio para ficar — seja de maneira genuína em algumas empresas, seja de maneira pragmática em outras. "Os jovens deixam de comprar de marcas que tenham atitudes que antes eram aceitáveis, mas que hoje não são mais", diz. "Como líderes, precisamos estar sensibilizados por essas pautas." Entre as temáticas, Daniel acredita que, além da sustentabilidade, a diversidade se destaca. "Se você está numa empresa com pessoas que são só do mesmo grupo, sua visão é de 90 graus. Quando traz pessoas de outros grupos, a visão amplia", explica. E essa visão mais aberta, segundo o empreendedor, só será desenvolvida com outro ponto fundamental: o aprendizado constante. "O que eu vejo em líderes que admiro é a busca por sempre aprender e se aprimorar."

"Sentia que estava longe de alcançar o potencial e as aspirações que eu tinha, mas ainda não sabia tangibilizar o que realmente eu queria.

O que eu vejo em líderes que admiro é a busca por sempre aprender e se aprimorar."

Sem Acomodação

Nascido em uma cidade gaúcha de pouco mais de 6 mil habitantes, Daniel Signori contou com o esforço da família – e de si próprio – para trilhar uma carreira longeva na indústria papeleira

Daniel Signori
Diretor técnico na Mili S.A.
Indústria
Turma 55 do MBA Executivo Internacional

Se não fosse a coragem de seus pais, provavelmente Daniel Signori não teria alcançado uma trajetória profissional tão bem-sucedida. Filho de um caminhoneiro e de uma doceira, ele nasceu e cresceu em Aratiba, uma cidade de cerca de 6 mil habitantes no norte do Rio Grande do Sul, quase na fronteira com Santa Catarina. A cidadezinha não oferecia muitas oportunidades para um jovem que gostaria de cursar uma faculdade. "As chances eram pequenas, e meu pai se convenceu de que seria ruim para mim se eu ficasse ali", lembra. Por isso, o pai de Daniel pediu demissão e usou a rescisão para bancar um cursinho pré-vestibular, com o objetivo de que o filho conseguisse passar em uma faculdade pública. Deu certo. Daniel foi aprovado na Universidade Federal do Paraná em Engenharia Química.

Durante sua época de estudante, era comum que a universidade ficasse em greve e, em um desses momentos, Daniel e sua família estavam com dificuldades financeiras. Buscando uma alternativa, ele resolveu pedir uma oportunidade de trabalho para o pai de sua então namorada, que era um dos donos da Mili, produtora de papéis tissue, como papel higiênico, guardanapos, fraldas e absorventes descartáveis. "Não queria um emprego só por ser namorado da filha dele, mas uma oportunidade para trabalhar e conhecer a empresa", explica. Assim, Daniel iniciou na companhia em 1992, e está lá até hoje. Nesses mais de trinta anos de trajetória na Mili, o executivo ajudou a impulsionar o crescimento da empresa.

Oportunidades e desafios

Como profissional da Mili, Daniel teve grandes desafios e oportunidades. Um dos mais marcantes foi o fato de ter se desenvolvido fora do Brasil. Além de ter acompanhado e coordenado trabalhos técnicos no exterior, ele teve a chance de ir para a Universidade de Grenoble, na França, estudar no CTP (Centro Técnico do Papel) e se especializar em processos de papel, papelão e reciclagem. Também pôde conhecer a Itália e aprender outras técnicas e processos inovadores. "Sou de uma família de italianos e brinco que a gente nasceu falando italiano e depois aprendeu, mais ou menos, a falar português. Ir para a Itália foi muito bom para mim", conta. Essas experiências estrangeiras foram essenciais para consolidar a Mili em uma ação fundamental para os negócios: a reciclagem, que é fonte primordial da matéria-prima da empresa — entre 40% e 50% do papel da companhia é reciclado.

A inovação é algo importante para a companhia e, também, para Daniel. Por isso, ele foi responsável por liderar a criação do departamento de projetos da empresa, fazendo com que diferentes áreas conversassem para encontrar soluções que fortalecessem a companhia. "Mesmo com muitas fusões e aquisições no setor de *tissue* no Brasil, nós conseguimos nos fortalecer e ter uma solidez forte. Isso é possível porque temos produtos adequados aos consumidores, com bastante destaque para a linha Premium", explica.

Estratégia para crescer

Para além do conhecimento técnico, Daniel tem procurado aperfeiçoar a sua visão estratégica — algo que ficou mais forte no pós-pandemia. Mas mesmo antes desse período altamente desafiador, o executivo já percebia que desenvolver um pensamento estratégico era fundamental profissional e pessoalmente.

Foi essa inquietação que o fez procurar pelo MBA Executivo Internacional do Profuturo/FIA, em 2019, um pouco antes da crise da covid-19 estourar pelo mundo. "Tive a sorte de conquistar um *networking* que fez com que muitas portas se abrissem", conta. E, mais do que os conceitos compartilhados em sala de aula e as viagens internacionais, o que o curso estimulou em Daniel foi uma jornada de autoconhecimento. "Quando você está há muito tempo numa empresa familiar, conectado com a presidência, é normal se questionar se está ocupando o espaço de uma pessoa que poderia trazer outra experiência. É uma indignação positiva, uma inquietude", explica. "Não dá para se acomodar, é preciso encontrar novas formas de atuar, de fazer o que está ao seu alcance. Aprendi a escutar mais, a identificar cenários, a pensar sobre o futuro."

A pandemia impulsionou a necessidade de ser inquieto e de aplicar a visão estratégica — pois só assim seria possível lidar com a crise e com um cenário tão desafiador para a indústria em que atua. "O mercado de papel higiênico foi afetado dentro e fora do Brasil. Para dar uma dimensão, as empresas que antes da pandemia compravam uma carga de produto passaram a comprar cinco. Tínhamos demanda aumentada e estávamos aptos para fornecer, mas havia muita insegurança mundial de como manter as pessoas trabalhando, conectadas à produção. Corremos muito para cuidar da segurança dos funcionários, mostrar qual o caminho a seguir", conta. Para isso, a empresa reforçou a gestão de pessoas e criou novos procedimentos de saúde e segurança para quem ficava na linha de frente, como novos EPIs, túnel de desinfecção e acompanhamento próximo tanto dos funcionários com covid quanto de familiares contaminados. "O MBA me trouxe mais serenidade para um momento desse, tínhamos até um encontro virtual para trocar experiências e vivências durante a pandemia", diz.

Outro ponto importante foi não deixar que o trabalho remoto e o isolamento tornassem as pessoas distantes e diminuíssem o ritmo da tomada de decisão. "Um dos sócios estava em isolamento por conta da idade, mas colocamos os principais líderes em reuniões semanais por vídeo para que o presidente da empresa estivesse sempre próximo, sem perder o contato", explica. "Também criamos grupos de WhatsApp para as fábricas. O ponto chave foi a comunicação para dividir os problemas e passar tranquilidade."

Esse fortalecimento da gestão e da cultura corporativa é fundamental para que a Mili conquiste seus objetivos, de se dedicar mais à área de cuidados pessoais, com as linhas de hastes higiênicas, fraldas infantis e geriátricas e toalhas umedecidas, por exemplo, e de ampliar os produtos feitos com base na reciclagem de papel. "Investimos muito tempo para construir uma tecnologia que transforma aparas de papel de baixa qualidade em produtos rejuvenescidos e com qualidade excepcional", explica. Uma visão alinhada à necessidade de construir um futuro longevo e sustentável — que está em alta na maior parte das empresas.

Visão de futuro

Um olhar sobre o que está por vir para negócios e pessoas

Para Daniel, a pior decisão que um profissional pode tomar — independentemente de idade, função, nível hierárquico ou mercado em que atue — é a de se acomodar. "Temos a obrigatoriedade de olhar para nós mesmos constantemente, de construir bagagem e de desenvolver percepções", explica. É essa constante busca pelo desenvolvimento pessoal que faz com que as pessoas — líderes ou não — estejam preparadas para o futuro e para construir o próprio caminho, mesmo se a situação for difícil. "Se tem uma coisa que eu aprendi em casa é que não existe estabilidade. Ou você está evoluindo ou involuindo", diz. Por isso, Daniel aconselha a todos, de tempos em tempos, a fazerem uma pergunta para si próprios: "Em que eu posso ajudar a empresa?". Esse é o passo fundamental para se manter em movimento e se desenvolver. "Temos sempre que pensar em como não estagnar."

> ***Não dá para se acomodar, é preciso encontrar novas formas de atuar, de fazer o que está ao seu alcance.***
>
> ***Se tem uma coisa que eu aprendi em casa é que não existe estabilidade. Ou você está evoluindo ou involuindo.***

Pessoas em Primeiro Plano

Economista acidental que fez carreira na indústria, Donizete Santos acredita tanto que as pessoas são o atributo mais importante das companhias que teve sua carreira impulsionada graças a seu foco em gerir pessoas

Donizete Santos
Diretor Executivo na In-Haus Industrial do Grupo GPS
Indústria
Turma 12 do MBA Executivo Internacional

Quando era jovem, Donizete Santos tinha um plano: formar-se em engenharia e fazer carreira na área industrial. Mas não foi exatamente isso que aconteceu. Com quase 50 anos de carreira, ele atuou, sim, no setor industrial. Mas não como engenheiro. "Nunca consegui ir para a engenharia, mas não tenho nenhuma frustração porque me orgulho da minha carreira", diz.

Tudo começou quando ainda era estudante do curso técnico de mecânica do Senai, época em que ingressou na Editora Abril como estagiário do setor de manutenção gráfica — área em que ficaria poucos meses, pois sua carreira na editora de revistas se firmaria no departamento de planejamento e controle de materiais. "Foi diferente do que eu planejava, nem cheguei a sujar as minhas mãos", brinca. Na empresa, onde trilhou uma trajetória de 15 anos, Donizete teve a oportunidade de contar com uma bolsa de estudos para uma graduação na Universidade Presbiteriana Mackenzie — a questão é que a tão sonhada engenharia não estava entre as opções de cursos. "As bolsas eram apenas para áreas de humanas. Com meu dinheiro curto da época, não tinha como pagar por uma faculdade, então optei por Economia, que era o mais próximo do que eu queria", conta. Na editora, ainda ganhou outra bolsa de estudo, dessa vez em Administração Financeira e Marketing. "Foi um período muito bacana de direcionamento e impulsionamento de carreira. Trabalhei muitos anos diretamente com Victor Civita *[fundador da Editora Abril]*, porque ele próprio comprava as matérias-primas para produzir as tintas das revistas, que vinham de fábricas na Itália e na França, e eu acompanhava todo o processo de aquisição", lembra.

Quando era coordenador de compras na Abril, Donizete acabou acumulando a função de gerente — mas sem a promoção para o cargo. Esse fato e a vontade de atuar em uma empresa diferente fizeram com que ele aceitasse uma oferta para se tornar gerente de suprimentos na multinacional alemã Siemens. “Quando contei para o Victor Civita que eu tinha decidido sair, que estava há meses ainda sem o cargo de gerente, ele falou que eu tinha que ficar. Abriu uma gaveta da mesa de madeira pesada em que sentava, tirou um catálogo, apontou para um carro muito caro e me disse: ‘Meu filho me falou que ele quer esse carro, mas eu vou dar para você’”, lembra. “Fiquei surpreso e agradecido, mas o problema não era o carro, eu estava pronto para ir para a Siemens.”

Porta fechada, janela aberta

Na companhia alemã, Donizete foi chamado para um desafio que o interessou muito: unificar os processos de suprimentos, almoxarifados e fornecedores. Ele passou, então, um ano desenhando o projeto — que foi aprovado com elogios por seu chefe e pelo presidente da Siemens no Brasil. O problema é que, pouco tempo depois, houve uma mudança na estrutura da empresa: o então presidente voltaria para a matriz e, no lugar dele, entrou um novo executivo. “Era um diretor que não falava nada de português e que entendia muito pouco de inglês — e eu não falava bem alemão. Ele decidiu que o projeto ficaria cerca de dois anos em espera e que eu poderia ajudar em outros projetos prioritários para a empresa”, conta. Donizete agradeceu, mas não aceitou, pois entendeu que não ficaria feliz com o novo escopo. “O antigo presidente se sentiu culpado e me ligou. Disse que a Melitta estava procurando alguém com o meu perfil e que era para eu ligar para o presidente deles”, diz. Assim ele fez: telefonou e marcou a entrevista.

No caminho para a Melitta, que ficava em Guarulhos, na grande São Paulo, aconteceu algo que mudaria a trajetória de Donizete de maneira profunda. “Naquela época, celular não era comum, então, a minha esposa me ligou no carro e disse que um *headhunter* tinha telefonado para nossa casa falando que tinha uma vaga para a SKF e que, se eu pudesse, era para ir conversar com eles no escritório da Avenida Paulista”, conta. Foi o que ele fez e, chegando lá, se apaixonou pela proposta da companhia sueca especializada na fabricação de rolamentos. “Era um caso urgente para fazer uma guinada grande em suprimentos”, explica. Assim, ele ingressou como gerente de compras e suprimentos na empresa em que ficaria por cerca de 24 anos.

Foco nas pessoas

Na SKF, além das questões de negócios, Donizete também tinha um grande desafio de gestão de pessoas, porque sua equipe teve que ser quase totalmente renovada. Então, para melhorar a performance e fortalecer os laços, o executivo resolveu criar um programa de engajamento e integração. "Eram profissionais de lugares diferentes, tínhamos que aculturá-los", explica. Mas a iniciativa não ficou restrita à área de suprimentos. Donizete inventou o Café com Compras, encontros nos quais seu pessoal recebia treinamento e participava de conversas com departamentos parceiros. "Suprimentos interage com todas as áreas, então, foi uma maneira de fortalecer relacionamentos e melhorar a nossa imagem na empresa, porque a gestão anterior estava desacreditada internamente", explica.

A iniciativa, nova na companhia, chamou a atenção da SFK global. "A empresa não tinha esse tipo de política, e alguns países acabaram adotando a ideia também", diz o executivo. A partir daí, a multinacional percebeu que Donizete tinha um bom perfil para atuar com gestão de pessoas — e ele foi convidado para assumir a diretoria de Recursos Humanos, mesmo sem nenhuma formação na área. "Eu já havia desenvolvido meu sucessor em suprimentos porque acredito que isso nos impulsiona, já que a empresa percebe que pode nos colocar em outras posições sem prejuízo. É preciso ter um sucessor para as coisas acontecerem", explica.

Ao assumir o RH, Donizete enfrentou um dos desafios mais complicados de sua carreira: o fechamento de uma fábrica e a transferência de profissionais para outra localidade — de Guarulhos para Cajamar, cidades que ficam cerca de 55 quilômetros distantes uma da outra. "Demitimos 700 colaboradores e transferimos outros. Por ser uma empresa sueca, havia uma preocupação grande com a humanização e a segurança. Mas é sempre muito delicado. Aprendi demais", conta. Além da função como RH, Donizete também acumulou a liderança da área de qualidade, o que o aproximou dos processos industriais — experiência que tanto queria desde o início da carreira. "Funcionou muito bem porque pude unir a parte técnica com a humana, abriu um horizonte que eu não imaginava."

Com uma trajetória tão bem-sucedida, Donizete entrou na mira da SKF para a altíssima liderança e foi selecionado para participar de um curso de formação de CEO quando, além de fazer o MBA Executivo Internacional da FIA e outros cursos de educação executiva na Fundação Dom Cabral e na London Business School, iria passar por rotações em diferentes áreas do negócio — o que aconteceu, mas não no ritmo que ele e a companhia desejavam. "Estávamos com alguns problemas sérios em qualidade, então, não dava para eu rodar", conta. Mesmo com esses desafios, a preparação foi feita, e ele assumiu em 2000 como presidente da unidade de serviços industriais — algo ainda incipiente no país na época — e, três anos depois, acumulou a função de presidir a companhia no Brasil. "Fiquei responsável por toda a operação da América Latina, trabalhei muito em processos de transferência de conhecimento e de consultoria interna", diz. "Quando completei dez anos como presidente, eu estava morrendo de vergonha, porque a proposta era ficar somente cinco anos e fazer rodízio para outros países." O problema é que não surgia a oportunidade que Donizete gostaria, pois ele queria ir para a Europa ou para a América do Norte. Quando a chance apareceu, ele estava enfrentando uma questão pessoal grave. "Veio o convite para mudar para o Canadá, mas meu sogro estava muito doente e, mesmo com a minha esposa dizendo que eu poderia ir, optei por ficar no Brasil e dar apoio", diz. Assim, Donizete decidiu que era o momento de deixar a companhia — o que fez após um ano de transição. "Foi uma boa saída, tenho um carinho enorme pela empresa."

Novos começos

Pouco depois de deixar a SKF, o executivo foi convidado por um antigo parceiro, a Manserv, companhia de prestação de serviços, para atuar no conselho da empresa. As coisas não saíram exatamente como o planejado, mas deram certo. Um antigo conselheiro que estava sendo preparado para assumir como CEO não se adaptou ao novo cargo, e Donizete foi convidado a assumir a direção da companhia — função que exerceu por um período determinado de três anos.

Assim apareceu seu desafio mais recente: liderar a In-haus Industrial, o braço de indústria do Grupo GPS, especializado em prestação de serviços de manutenção para diversos segmentos industriais. De 2018, ano de sua chegada, até hoje, a divisão de Donizete cresceu em representatividade dentro do Grupo GPS. Para isso, ele aplica todos os conhecimentos que adquiriu em suas quase cinco décadas de carreira: "Uso a bagagem de estratégia e tecnologia, sem nunca deixar de lado o foco nas pessoas".

Visão de futuro

Um olhar sobre o que está por vir para negócios e pessoas

A tecnologia é uma realidade cada vez mais importante para a indústria. Donizete, por exemplo, há anos lida com a evolução tecnológica do setor de produção industrial, mas sua percepção é a de que não há tecnologia possível sem pessoas preparadas. "Precisamos de líderes e profissionais prontos, porque as máquinas evoluem apenas porque o ser humano evolui também", diz.

Por isso, nas discussões sobre o futuro do trabalho, ele acredita que, mais do que discutir sobre a eliminação de cargos e funções, o importante é avaliar quais são as oportunidades que surgirão. "A valorização das pessoas precisa ser tão importante quanto a valorização da tecnologia." Além disso, ele também acredita que os líderes devem se abrir para o novo e atuar de uma maneira mais inspiradora. "A liderança precisa estar junto, aceitar críticas, conviver com a diversidade e abraçar o novo com responsabilidade", aconselha.

"Uso minha bagagem de estratégia e tecnologia, sem nunca deixar de lado o foco nas pessoas.

A liderança precisa estar junto, aceitar críticas, conviver com a diversidade e abraçar o novo com responsabilidade."

Da Medicina para os Negócios

Com um olhar sempre humanizado, Ewaldo Russo deixou o consultório médico para fazer uma longeva carreira no laboratório Fleury, no qual aprendeu a liderar

Ewaldo Russo
Conselheiro do Grupo Fleury
Medicina diagnóstica
Turma 1 do MBA Executivo Internacional

Quando se formou em medicina, em 1972, na Escola Paulista de Medicina, da Universidade Federal de São Paulo (Unifesp), Ewaldo Russo não imaginava que teria uma carreira que mesclaria a atuação médica com a empresarial. Seu objetivo era ser endocrinologista, mas as oportunidades da vida o levaram a trabalhar com medicina diagnóstica — e a ser um dos líderes do laboratório Fleury. "Fui convidado para trabalhar no Fleury em 1975 na área de dosagens hormonais, e foi uma mudança muito clara na minha carreira", explica. Isso porque, até então, Ewaldo seguia a trajetória tradicional de um médico: anos de residência médica seguidos da atuação em consultório. Mas, no laboratório, não era possível conciliar as duas atividades. "Abandonei mesmo. O que eu continuei fazendo foi dar aulas na Escola Paulista, ficava metade do tempo no Fleury e outra metade em sala de aula", explica. O ano de 1975 foi transformador para a vida de Ewaldo: entrou na empresa com a qual convive até hoje em sua atuação como conselheiro e se casou com sua esposa — juntos, eles criaram três filhos.

Nesses quase 50 anos acompanhando o Fleury, Ewaldo viveu diversos momentos importantes para a companhia. Nos anos 1990, por exemplo, com a abertura do mercado brasileiro durante o governo de Fernando Collor de Mello, a concorrência aumentou, e era preciso pensar nos próximos passos para o laboratório. Na época, o Fleury tinha apenas três unidades e havia a necessidade de expandir para fortalecer a marca — algo que Ewaldo, que acabava de se tornar diretor na empresa, precisava olhar com cuidado.

Para isso, era preciso fortalecer as suas competências. Então, ele buscou alternativas educacionais e se deparou com o MBA Executivo Internacional do

Profuturo/FIA, que estava na sua primeira turma. "Eu era completamente diferente. Imagina ter um médico na turma?", brinca. "Embora soubesse de estatística, pois possuía uma formação nessa área, e conseguisse escrever artigos, eu não sabia nada de administração." As aulas o ajudaram a aprender sobre temas que não faziam parte do seu dia a dia. "Foi um choque na minha cabeça, até porque eu tinha um problema: estava bitolado na minha área. Na época eu trabalhava especialmente com diabetes e ia em todos os congressos, o paulista, o carioca, o brasileiro, o mundial... Tudo girava em torno daquele assunto. Por isso, o MBA foi uma mudança incrível, pude penetrar em novos temas, não só com a ajuda dos professores, mas dos colegas também", lembra.

A partir do MBA, Ewaldo conseguiu começar e ter um olhar de negócios para o Fleury, vendo as oportunidades para a empresa e as chances de crescimento. "Foi muito importante, pois o Fleury é montado por um grupo de médicos que decidiu distribuir o crescimento da companhia igualitariamente entre todos", explica.

Governança para crescer

Assim que se formou no curso executivo, Ewaldo e os outros líderes do Fleury fizeram a primeira expansão do laboratório. "Começamos a abrir mais unidades por São Paulo, ampliando a atuação para além da Zona Sul." Tudo isso sem deixar de lado o propósito da empresa: ser o melhor centro diagnóstico do mundo. O crescimento foi dando certo e, em 1997, Ewaldo assumiu a presidência da companhia — e deixou sua carreira como professor na Escola Paulista de Medicina, para que não houvesse conflitos éticos. "Não fiz nada sozinho, foi sempre a conquista de um grupo de pessoas. Começamos nos anos seguintes a ter mais dinheiro disponível, o que antes era difícil por causa da inflação maluca que vivíamos no Brasil. Antes, não dava para pensar no longo nem no médio prazo: tínhamos que pegar o dinheiro e investir imediatamente", lembra. O foco do Fleury também começou a se expandir, passando de um laboratório de análises clínicas para um centro de medicina diagnóstica — o que se mantém até hoje. "Entendemos que nosso diferencial está no atendimento ao cliente e não apenas na excelência técnica. Isso foi muito importante", explica.

Em 1997, quando Ewaldo assumiu a presidência da empresa, o grupo de líderes entendeu que, para estruturar o futuro e garantir a sustentabilidade de negócios do Fleury, era preciso ter uma governança corporativa. "Fizemos um conselho de administração com conselheiros externos. O Fleury é formado por sócios, e decidimos que o único a participar do conselho seria o presidente, que era eu." Sua atuação na presidência durou cerca de 15 anos — e, depois disso, seguiu para o conselho. Para dar conta de tudo, Ewaldo investia em um hobby: a corrida. "Eu era maratonista, corria para ter energia para tudo isso. Acordava cedo para correr e ter o meu momento de parar de pensar na vida." A energia era necessária porque Ewaldo fazia questão de visitar todas as unidades da empresa. "Eram 20, hoje são 500 — não tem como um presidente visitar todas."

Sua trajetória como presidente foi tão importante que, até hoje, quando visita unidades do Fleury, alguns funcionários se lembram dele. Afinal, foram sete anos à frente da companhia. Em 2005, no entanto, ele deixou a cadeira da presidência para dar lugar a outras pessoas. "A empresa vai crescendo e passa a necessitar de outras competências, mas segui no conselho e vivi ações muito importantes, como a abertura de capital em 2009", conta.

Família, negócios e sustentabilidade

A partir desse momento, Ewaldo passou a trilhar outros caminhos e encontrou na sua família um projeto para sua carreira. Em seu *family office*, batizado de Progresso, que toca com os filhos, seu enfoque é investir em ações de impacto social e ambiental. "Brinco que meus filhos são os '*impact boys*', e buscamos investir em minorias, comunidades indígenas, e temos um foco importante na agricultura regenerativa", explica.

Claro que há desafios em trabalhar com a família, mas o médico sempre busca a união — algo que Ewaldo faz desde o início de sua carreira. "Sempre fui muito sociável, de bom relacionamento. O que não sou é bom negociador, pois em negociações nem sempre é bom ser totalmente transparente, e eu não consigo mentir", diz. O importante para ele, agora, é poder, em sua nova carreira, seguir fazendo algo que sempre foi caro a ele, desde a sua escolha em se tornar médico: ter um propósito que vai além do financeiro.

Visão de futuro

Um olhar sobre o que está por vir para negócios e pessoas

Coragem. Essa é a competência que Ewaldo acredita ser essencial para os líderes — e não só do futuro, mas do presente (e do passado também). Ele pensa assim com base em sua própria história e em decisões que demandaram muita coragem para fazer acontecer. Uma das mais emblemáticas foi a de fazer seu pós-doutorado na Universidade Harvard entre 1988 e 1989 — uma época em que morar no exterior era algo complicado para os brasileiros. “Consegui uma bolsa do Capes para aprender o PCR, que todo mundo sabe o que é hoje por causa da pandemia da covid-19, mas que na época era novidade”, diz. “Não tinha nem cartão de crédito, levei o dinheiro no bolso mesmo. Minha esposa e eu tivemos que ter bastante coragem para levar nossos filhos, na época com 11, 9 e 7 anos, para aprender uma língua nova. Mas foi uma grande oportunidade, as crianças aprenderam de verdade o inglês e minha esposa aprofundou seu trabalho com pessoas com deficiência, que faz até hoje”, diz.

E é essa coragem para ter fé de que as coisas vão acontecer e darão certo, que Ewaldo indica como uma competência essencial para os líderes. “Quando você lidera, precisa trazer as pessoas junto de você: não tem direito de ficar de mau humor. Tem que ter resiliência e acreditar no futuro.”

> ***Não fiz nada sozinho, foi sempre a conquista de um grupo de pessoas.***
>
> ***Quando você lidera, precisa trazer as pessoas junto de você: não tem direito de ficar de mau humor.***

Construindo um Legado

Bacharel em Ciência da computação por formação e gestor por vocação, Flavio Cotini acredita que, mais importante do que onde queremos chegar, é o caminho que trilhamos para alcançar nossos objetivos

Flavio Cotini
CEO do Walmart América Central
Varejo
Turma 8 do MBA Executivo Internacional

A primeira vez que Flavio Cotini viu o mar foi em Tel-Aviv. Não porque estivesse em uma viagem de férias, mas devido a uma oportunidade estudantil no início de sua carreira. Nascido em uma família simples de Presidente Prudente, no interior de São Paulo, ele saiu de casa aos 17 anos para estudar Computação na Universidade Estadual de Campinas, a Unicamp. Ao mesmo tempo, participou de um concurso organizado pela Associação Hebraica, instituição judaica de São Paulo, patrocinado por Max Feffer, da companhia Suzano de papel e celulose. O prêmio para os quatro jovens selecionados em todo o estado de São Paulo, era fazer um curso de verão em Israel no Instituto Weizmann em Rehovot. "Eu nunca tinha visto o mar até então", conta. Ao final da universidade, fez estágio na SPP Nemo, que era parte da Suzano, mas seus olhos brilharam com a possibilidade do processo de *trainee* da Unilever. "Recebi uma proposta de efetivação na Suzano, mas gostei muito da possibilidade de ser *trainee* gerencial da Unilever", conta.

Mas como ele contaria isso para Max, que havia dado a oportunidade a ele de estagiar na Suzano. "Eu disse que queria agradecer muito pela chance de ter participado em um curso de verão em Israel e trabalhar na Suzano, mas eu tinha uma oportunidade de algo ímpar, porque tinha passado no processo de *trainee* da Unilever", conta. Max Feffer o estimulou a ir e, assim, Flavio começou sua trajetória, que contou com três passagens pela multinacional de bens de consumo.

A primeira, claro, foi como *trainee*. "Era uma das poucas pessoas que vinha da Unicamp. Quando fui fazer a primeira etapa do processo seletivo, não usava terno como os meus colegas, mas uma calça jeans surrada e uma bolsa a tiracolo. As pessoas que me aprovaram viram algo mais além do que o que aparentava", lembra. A decisão de trilhar uma carreira gerencial não foi unanimidade entre seus conhecidos. "Meus amigos de tecnologia diziam que eu estava cometendo um erro, saindo da minha área de formação.

Mas, em meus 40 anos de estrada, sempre busquei sair da zona de conforto — a liderança estratégica demanda isso", explica. Na Unilever, ele ficou durante dois anos na área de tecnologia e foi efetivado no departamento de auditoria internacional, temática sobre a qual não tinha tanto conhecimento. "Tive que estudar: das seis da tarde à meia noite, eu fazia cursos para aprender contabilidade. Acredito muito que cada um é responsável pelo próprio desenvolvimento e, nunca permiti que ninguém gerenciasse a minha carreira."

Vontade de aprender

Aos 34 anos, Flavio tinha um cargo gerencial sênior na Unilever, onde era diretor financeiro da categoria de detergentes. Mas, inquieto e com vontade de ampliar sua experiência, resolveu aceitar uma proposta de outra multinacional para ajudar na implementação da operação no Brasil e se mudou de São Paulo para Porto Alegre. "Eu queria me tornar um CFO completo", explica. Três anos depois da decisão, Flavio seria expatriado para Chicago, mas surgiu um novo chamado da Unilever para que voltasse com o desafio de liderar um projeto de transformação para a América Latina. Flavio topou e, logo após esse projeto, veio a oportunidade de se tornar CFO da América Central e, logo depois, da região Andina, também. "Muita gente perguntava: 'Por que estão te transferindo para tão longe, para o pequeno El Salvador? Isso vai ser interessante?'. Mas, através dessa experiência, aprendeu a dinâmica de como operar em organizações com vários países e culturas. "Comecei como responsável pela área financeira de cinco países e, depois, cheguei a onze", explica.

Após cinco anos em sua segunda passagem pela Unilever, Flavio foi convidado para se tornar diretor financeiro para América Latina e Caribe na fabricante de bebidas Diageo — e aceitou. "Resolvi mudar de empresa para desenvolver novas competências e poder ter uma responsabilidade para toda a região latino-americana", conta. Mas dois anos e meio depois, Flavio retornou à antiga empresa como vice-presidente de finanças e acumulou a liderança da área no Brasil e na América Latina. "Tive a oportunidade de entrar três vezes na mesma empresa, sempre motivado por não estar na zona de conforto e ampliar as experiências", explica. Essa vontade de estar sempre se estimulando também o levou a buscar o MBA Executivo Internacional do Profuturo/FIA, quando ainda estava em sua primeira passagem pela Unilever. "Como não fiz administração, aprendi muito na prática, mas faltava algo. Eu queria melhorar meu embasamento teórico, aprender com as experiências dos meus colegas e saber como fazer as perguntas certas."

Liderança estratégica

Tornar-se CEO era um desejo de Flavio. "Gosto de transformações, de trabalho em equipe, de criar possibilidades que estão acima das probabilidades", diz. E isso aconteceu dois anos após ingressar no Walmart, em 2016, quando assumiu o cargo de presidente no Brasil, após ter ingressado na empresa como CFO da operação no país. Nesse cargo, liderou um desafio complexo, que foi a decisão da empresa em deixar de operar diretamente no Brasil. "Tínhamos em torno de 400 lojas, e ajudei a fazer o processo de transição para a empresa, que adquiriu a parte majoritária da operação do Walmart no Brasil", conta. Depois desse trabalho, Flavio foi chamado para trabalhar na sede do Walmart, em Bentonville (Arkansas, Estados Unidos) e, em seguida, depois de um ano, foi convidado a ser o CEO da operação na América Central. "Temos mais de 880 lojas, presença em 5 países e responsabilidade sobre mais de 35 mil associados, como chamamos nossos colaboradores", diz. "É muito bom fazer parte de uma empresa onde se tem um alinhamento dos propósitos. O propósito da empresa é muito potente, principalmente considerando o desafio da região, que é vender por menos para que as famílias vivam melhor. Existe uma história que eu gosto e que uso bastante. Em uma visita de John Kennedy ao Cabo Canaveral, ele perguntou a um faxineiro qual era o seu trabalho. E o faxineiro apontou o céu e respondeu: 'Estou ajudando a colocar o homem na lua'. E eu faço parte de uma empresa em que, não importa a posição que cada um ocupa, todos estão trabalhando para aumentar a qualidade de vida das famílias centro-americanas."

Para fazer isso, Flavio e sua equipe estão sempre buscando maneiras de oferecer produtos com preços mais baixos para quem mais precisa. "É desafiador trabalhar em uma região em que o salário-mínimo chega a dez dólares ao dia", conta. Por isso, ele se orgulha, por exemplo, do Walmart ter criado absorventes femininos íntimos que tenham preços acessíveis na região. "As meninas dessa região perdem de 2 a 3 dias de escola porque não têm como comprar absorvente, então desenvolvemos esse produto a um preço bastante acessível, e isso faz toda a diferença para elas", conta. Outro destaque é a venda de bananas unitárias, uma maneira das classes mais desfavorecidas comprarem um alimento saudável gastando pouco. "A penca é mais cara, então, compramos safras inteiras dos agricultores para poder vender também os frutos soltos. A banana individual é o produto mais vendido no Walmart na América Central", diz.

Entre as conquistas da empresa das quais se orgulha em seus anos como CEO, está o aumento do número de pessoas com deficiência trabalhando na companhia. "Há cinco anos, empregávamos menos de 1% de pessoas com algum tipo de incapacidade. Hoje são quase 5%, o que corresponde a cerca de 2.500 pessoas. Isso me orgulha muito, porque, em países mais desfavorecidos, ter alguma incapacidade pode quase sempre levar à exclusão", explica. Essas realizações fazem com que Flavio sinta que está deixando um bom legado para o mundo. "Quando eu for dessa para a melhor, não vou lembrar que melhorei a performance da empresa na minha gestão, mas que alcançamos essas outras conquistas. As pessoas se preocupam muito onde vão chegar, mas o mais importante é como vão chegar e nunca comprometer seus valores, sua ética e o legado que você deixa. Temos que nos perguntar qual é o impacto que queremos das nossas vidas."

Visão de futuro

Um olhar sobre o que está por vir para negócios e pessoas

Um dos livros que marcaram a vida de Flavio é *Empresas Feitas para Vencer*, de Jim Collins, no qual conheceu o conceito de liderança nível 5, que diz que para ser um grande líder é necessário unir humildade com vontade. "As pessoas que mais fizeram diferença no mundo não se achavam especiais, mas atuavam com bastante vontade, sem perder a humildade, servindo aos outros, como, por exemplo, o fundador do Walmart, Sam Walton", explica. E ele acredita que essa equação é atemporal — e que deve ser adotada por todos os profissionais. "Vi muita gente ficar no meio do caminho porque tinha a cabeça privilegiada, mas não estava com o coração no lugar ou, ao contrário, porque tinha coração bom, mas não se preparava intelectualmente. Tem que ter equilíbrio entre cabeça, coração e braços", diz. Para Flavio, como a mudança é uma realidade, precisamos desenvolver a nossa curiosidade e a vontade de fazer melhor a cada dia. "O dia em que você acha que já sabe de tudo é o dia em que você se torna incompetente pela incapacidade de aprender."

> ***Em meus 40 anos de estrada, sempre busquei sair da zona de conforto — a liderança estratégica demanda isso.***
>
> ***As pessoas se preocupam muito onde vão chegar, mas o mais importante é como vão chegar e nunca comprometer seus valores, sua ética e o legado que você deixa.***

Razão e Sensibilidade

Completando mais de 20 anos na empresa da família, Grasiela Tesser vive o desafio de consolidar uma nova cultura e conquistar o objetivo de dobrar o tamanho da companhia

Grasiela Tesser
Diretora Executiva na NL Informática
Tecnologia
Turma 40 do MBA Executivo Internacional

O momento mais desafiador da trajetória de Grasiela Tesser é o atual. E não é à toa: ela está, ao mesmo tempo, se consolidando como diretora executiva da NL Informática, empresa de sua família especializada em desenvolvimento de softwares de gestão, e liderando o plano de expansão da companhia que, em três anos, tem a meta de dobrar de tamanho. "É o maior desafio da minha carreira, não tenho dúvida", diz Grasiela. Mas, para chegar até aqui, foram 20 anos de crescimento e desenvolvimento.

Formada em Direito, com curso técnico em Processamento de Dados, Grasiela começou na companhia familiar pela base da pirâmide, como estagiária — experiência que abraçou depois de ter estagiado na Randon, do ramo de logística e transportes, e em uma empresa de hardware de Caxias do Sul (RS), sua cidade natal. Na NL, ela foi aprendendo sobre os negócios e crescendo — a área de marketing e vendas chamava sua atenção, e a executiva conseguiu trilhar uma carreira no departamento, primeiro como gerente de vendas e marketing na sede caxiense da companhia e, depois, como diretora no escritório de São Paulo da NL, em 2009. "Era uma atribuição maior do que o marketing, precisava realmente liderar o escritório. Fui para ficar um ano e acabei ficando cinco", conta.

Na capital paulista, percebeu que tinha uma grande oportunidade para se qualificar e uma amiga indicou o MBA Executivo Internacional do Profuturo/FIA para que ela desenvolvesse seu olhar estratégico e competências de gestão. "O problema é que, no processo seletivo, havia uma indicação de que o curso seria idealmente voltado para pessoas por volta de 40 anos. E eu tinha apenas 28. Minha trajetória era diferente da dos colegas, pois, além de mais nova, sou de uma empresa familiar e pequena do Rio Grande do Sul, não tenho história em multinacionais. Mas deu certo e foi marcante para mim, pois eu era um ponto fora da curva na turma", diz.

Mais do que o conteúdo, as viagens e o *networking*, o curso foi importante para Grasiela porque ela pode levar tudo o que aprendeu com os professores na sala de aula e nas conversas com os colegas, não para uma empresa contratante — como a maioria de seus colegas —, mas para a empresa de sua família. "Minha escolha era seguir na empresa da família, voltar para Caxias do Sul e aplicar todo o conhecimento no meu negócio. Não entrei com o olhar de mudar de emprego, de mudar de carreira, não busquei isso. O que eu buscava era me qualificar para fazer nosso negócio dar certo", explica.

Inquietação e *feeling*

Na NL Informática, Grasiela é a sucessora natural — já que sua irmã não atua no negócio —, mas seu pai deixou claro que ela precisava merecer para continuar ali. "Meu pai sempre dizia que ele podia me dar o cargo, mas que isso jamais seria a mesma coisa. Um cargo dado é diferente de um conquistado. As coisas precisam acontecer naturalmente para que as pessoas me ratificassem como diretora delas", explica.

No nível de liderança, ela tem tido desafios marcantes. Um deles aconteceu quando o líder de recursos humanos saiu da empresa. "Somos uma empresa de desenvolvimento de tecnologia e não vendemos iogurte, avião, revista. Nosso ativo são as pessoas. Então, quando o RH saiu foi uma questão", explica. Encontrar um sucessor era responsabilidade de Grasiela, mas ela se sentia inquieta com a busca. Achava que o importante não era recrutar uma pessoa que tocasse o dia a dia burocrático da área — folha de pagamentos, benefícios, férias —, mas que tivesse uma visão mais holística e estratégica para a gestão de pessoas. Só que, na época, ela não tinha materializado nada disso. Era apenas uma sensação. "Eu não estava confortável porque sabia que não era o básico que precisávamos, era um olhar mais profundo. Uma mudança maior precisava ser feita. Então, eu procrastinei um pouco a decisão", diz. Essa demora, no entanto, fez com que ela fosse constantemente questionada pelas outras lideranças. "Em toda reunião de diretoria, eu sofria muita pressão, sempre perguntavam: 'Cadê o RH?'. Mas eu sentia um incômodo de contratar qualquer um. Precisava de uma resposta, de uma luz."

As coisas começaram a fazer sentido por conta de uma atuação extra-empresa de Grasiela na Câmara de Indústria, Comércio e Serviços de Caxias do Sul (CIC), onde hoje é conselheira e diretora de inovação. O grupo organiza diversos eventos empresariais e, em um deles, Grasiela sugeriu que o tema fosse pessoas. "Convidei uma amiga da Randon que trabalha na área, mas ela não conseguiu participar e indicou a chefe dela", conta. A palestra em si, sobre como a tecnologia pode influenciar o RH, não chamou tanto a atenção de Grasiela, mas ela gostou muito da palestrante. "Disse que queria conversar mais, e ela me deu os contatos pessoais, porque estava saindo da Randon para uma nova etapa de carreira. Eu expliquei para ela o que estava vivendo, que eu achava que não precisava de um RH, mas que precisava de ajuda", conta. A *expert* deu o diagnóstico: realmente a NL Informática não precisava de um gestor para o básico dos recursos humanos; a empresa precisava de uma mudança de cultura. Daí a angústia de Grasiela.

"Eu tinha essa inquietação por conta do que conheci de empresas de fora, tive oportunidade de conhecer muita gente, inclusive no MBA, pegar bagagem e saber que existiam outros modelos, que havia gente fazendo algo diferente."

Depois do diagnóstico, houve um trabalho profundo para resgatar os valores e o DNA da companhia, redesenhar a cultura e a estratégia e estabelecer metas. Os sócios foram parte fundamental do processo, e a especialista em gestão de pessoas tocou a consultoria mesmo sem Grasiela — no meio da análise, ela tirou licença para se tornar mãe de sua filha. "Ela veio falar comigo um dia para contar que os sócios — inclusive o meu pai — saíram chorando de uma dinâmica. Aí eu pensei: 'O que estou fazendo?'. Mas foi um divisor de água para nós", conta. Isso porque, com as conversas francas e o pensamento sobre futuro, uma das sócias da companhia verbalizou que não gostaria mais de continuar na empresa, que era hora de sair. "Era um desejo antigo, mas velado. Com a saída dela, só a família ficou na empresa", diz Grasiela.

Isso significa que, embora eles não dividam mais responsabilidades e precisem arcar com todas as consequências das decisões — as boas e as ruins —, têm mais autonomia para arriscar. "O risco faz parte da gestão, e temos que procurar oportunidades." O plano era iniciar a meta ousada da companhia — de dobrar de valor em três anos — em 2020. Mas, com a pandemia da covid-19, que afetou os clientes, foi preciso adiar os planos — retomados em 2023. "Ainda temos muito por fazer, mas implantamos a cultura, mudamos a forma como encaramos e apresentamos o negócio", explica. E tudo isso foi importante não só para a empresa, mas, pessoalmente, para Grasiela: "Eu encarei o desafio, segui minha inquietação e fui construindo a legitimidade na função".

Visão de futuro

Um olhar sobre o que está por vir para negócios e pessoas

Tecnologia e pessoas não devem ser encaradas como antagônicas. É nisso o que acredita Grasiela quando pensa sobre o futuro dos negócios e dos profissionais. “Estamos perdendo um pouco a mão sobre a importância de cada uma”, diz. Para a empreendedora, a tecnologia é uma ferramenta que traz oportunidades, e, por isso, todos deveríamos nos capacitar para conhecê-la — inclusive as lideranças. “Não precisa saber código, mas não tem como ignorar. Tecnologia é o básico necessário para cada negócio funcionar. Por isso, é fundamental que as pessoas fiquem atentas”, afirma. Temas como inteligência artificial e 5G, por exemplo, deveriam ser entendidos com um pouco mais de profundidade pelos executivos. “É preciso compreender para discernir o que é realmente importante e o que é só uma moda que não faz sentido, como foi o Metaverso”, explica.

Porém, não vale olhar só para a tecnologia e se esquecer de que os responsáveis por criá-la não são os robôs, mas os seres humanos. “Quem treina a máquina e o algoritmo é o ser humano, o comportamento humano. A base sempre será as pessoas, que devem ser desenvolvidas para lidar com tudo isso”, diz. E, para ela, é fundamental que comecemos a pensar em como preparar as pessoas de uma maneira diferente — porque só assim será possível fazer as coisas de um jeito novo. “Penso nisso não apenas como líder, mas como mãe: como fazer com que as novas gerações estejam melhor preparadas? Precisamos entender a capacidade e o potencial humanos.”

> ***O risco faz parte da gestão, e temos que procurar oportunidades.***
>
> ***Quem treina a máquina e o algoritmo é o ser humano, o comportamento humano. A base sempre será as pessoas, que devem ser desenvolvidas para lidar com tudo isso.***

Desbravando Oportunidades

Dono de uma carreira acelerada, Guilherme Alfano soma sua vontade de encontrar novas oportunidades à alegria de desenvolver equipes

Guilherme Alfano
Diretor da Close-Up International nos Estados Unidos
Indústria farmacêutica
Turma 43 do MBA Executivo Internacional

Na geração de Guilherme, o mais comum é que uma pessoa começasse a trabalhar depois de iniciar a faculdade, normalmente fazendo estágio em alguma empresa. Mas não foi isso que aconteceu com o executivo formado em Engenharia Elétrica: ele ganhou um crachá de uma startup de inteligência de mercado para a indústria farmacêutica uma semana antes de começar a faculdade. Fundada por um ex-presidente da Novartis em 2002, a empresa já compreendia, vinte anos atrás, a importância de captar e analisar dados para capturar informações de mercado e tomar boas decisões de negócios. "Entrei na startup para cuidar de suporte de tecnologia e manutenção de computadores. Mas o interessante é que estava trabalhando com altos executivos, o que fez com que eu tivesse uma aceleração rápida de carreira — ainda mais porque o CEO tinha um perfil de desenvolver pessoas", explica. A carreira de Guilherme realmente acelerou: depois de somente quatro anos na companhia, foi convidado a assumir uma vaga de gerência. "Foi até um susto. Eu estava com 21 ou 22 anos e nem tinha me formado ainda. Agarrei a oportunidade e entendi que tinha condições para a função. Em uma empresa menor havia mais espaço para crescer."

Quando terminou a faculdade de engenharia, Guilherme recebeu um convite da IMS Health para atuar na companhia, que também atuava em inteligência de mercado para a indústria farmacêutica, mas com um alcance maior, pois estava presente em 160 países ao redor do mundo. "Passei três anos lá e foi uma experiência muito interessante, porque pude aprender sobre um outro perfil de empresa, com mais processos", conta. Mas ele sentia falta de algumas coisas que empresas menores oferecem, especialmente a flexibilidade e a maior rapidez de execução. Esse desejo de voltar a atuar em uma operação mais enxuta logo seria atendido porque o ex-chefe de Guilherme na startup havia vendido a companhia, estava se tornando presidente de uma nova empresa e convidou o engenheiro para fazer parte da equipe. Assim, em 2009, ele chegava até a companhia em que segue até hoje, a Close-Up International, que atua oferecendo produtos e serviços em inteligência e estratégia de negócios para a indústria farmacêutica e de consumo. "Era uma empresa familiar com grande oportunidade de crescimento e profissionalização. A proposta me chamou a atenção porque eu iria trabalhar em um ambiente inovador, reportar para uma pessoa com a qual já havia trabalhado e que eu sabia que me deixaria ser criativo", diz.

Em seus mais de 14 anos de casa, Guilherme viu a Close-Up crescer. Quando começou por lá, havia cerca de 60 funcionários, e, hoje, a companhia tem em torno de 210. Em sua trajetória, o executivo passou pelas diretorias de produtos e serviços na área de consultoria e, também, pela diretoria de tecnologia. Um de seus grandes desafios foi alavancar o uso de um software de CRM no Brasil — o objetivo era impulsionar a utilização da tecnologia pelas clínicas e consultórios médicos do país. O problema é que havia uma concorrente que dominava o mercado — exatamente a primeira empresa de Guilherme. A Close-Up, então, adquiriu a concorrente, e o projeto destravou. "As portas abriram para nós explorarmos produtos. Tive o papel de estruturar a área — eram apenas duas pessoas trabalhando nisso — e, hoje, a empresa tem de 60% a 80% do mercado brasileiro, dependendo do serviço", conta. Guilherme foi responsável por liderar a implementação global do CRM da Close-Up e, ao lado de sua equipe, conseguiu implementar o software em 40 países. "Foi um momento muito interessante, no qual pude conhecer as indústrias da Europa e da Ásia", explica. Essa internacionalização foi importante porque a companhia ampliou suas fronteiras para além da América Latina. Foi fazendo esse bom trabalho como diretor comercial e de operações que Guilherme se destacou e acabou sendo escolhido para ocupar o lugar de seu antigo chefe, que era gerente geral no Brasil e iria se aposentar.

Grandes desafios

Assim, em 2016, ele assumiu a cadeira mais alta da Close-Up no Brasil. "Fiquei muito feliz quando soube que várias pessoas sugeriram o meu nome para a posição, mas nunca estamos 100% prontos, e conversei com a empresa. Disse que tinha as condições técnicas, mas que gostaria de me desenvolver em outras frentes — foi aí que pedi um MBA", explica. A demanda foi aceita pela companhia, e Guilherme passou pelas aulas do MBA Executivo Internacional do Profuturo/FIA. "Quando você fica muito tempo numa empresa, acaba perdendo um pouco a perspectiva externa, e o ambiente farmacêutico pode ser muito fechado. Nos dois anos em que fiquei no curso, a empresa lançou muitos produtos e serviços e fez aquisições, então, pude aplicar muito do que aprendi no MBA na prática."

Algo do qual Guilherme se orgulha — e que gosta muito de fazer — é sua disposição para desbravar mercados e montar boas equipes. E é exatamente isso que ele está fazendo desde agosto de 2020, quando se tornou diretor da Close-Up nos Estados Unidos. "É um mercado pelo menos quinze vezes maior que o da América Latina, mas ninguém nos conhece ainda", explica. Por conta da pandemia, o executivo mudou-se para sua base americana, em Princeton (New Jersey), em junho de 2021. "O grande desafio é lançar um produto que ainda não existe por aqui para um grupo de empresas que não nos conhecem. É legal porque aprendemos muito", conta. Culturalmente, Guilherme não tem sentido nenhum choque ao fazer negócios com os americanos — pelo contrário. "Talvez seja o meu perfil, mas gosto desse ambiente mais transparente, no qual um possível parceiro ou cliente já diz se quer ou não aquilo que você oferece. Assim, dá para ser mais objetivo sem precisar investir tanto tempo em uma oportunidade que não vai dar certo, como é comum acontecer no Brasil", explica.

Entre seus grandes aprendizados de carreira, Guilherme destaca uma mudança de comportamento que precisou adotar quando assumiu a gerência geral do Brasil. Originalmente da área comercial, o executivo tinha um perfil de executar e resolver problemas. Mas, como CEO, nem sempre era isso que esperavam dele — especialmente no caso de clientes. "Aprendi na prática que não era meu papel reverter uma crítica ou um problema. O que eu precisava fazer era ouvir, tranquilizar o cliente e ser um facilitador, saindo da linha de frente para deixar a equipe resolver a questão. Temos a necessidade de sempre nos adaptar."

Visão de futuro

Um olhar sobre o que está por vir para negócios e pessoas

Guilherme acredita que a velocidade das mudanças que acontecem no mundo é tão grande que nem sempre é possível, em um primeiro momento, captar no que precisamos nos preparar para lidar com o futuro. "O que eu tenho observado é que o diferencial das empresas será ter pessoas que atuem e pensem como empreendedores — um conceito que eu aprendi em uma aula do MBA da FIA, mas que só fui entender com mais profundidade anos depois", diz. Isso é essencial porque, segundo o executivo, as grandes empresas têm a necessidade de abrir espaço para a inovação. "O desafio é como deixar a inovação surgir no pensamento de cada funcionário sem perder o controle e a eficiência, mas abrindo mão da rigidez e do processualismo. Se queremos ter clientes, precisamos ser flexíveis", explica. E, para ele, estimular o empreendedorismo dentro das empresas se faz crucial para conquistar essa necessidade. "O pensamento empreendedor funciona para refletir sobre como fazer diferente, transformando sua área e os processos da empresa. É uma mudança de *mindset*."

> ***"Temos a necessidade de sempre nos adaptar.***
>
> ***O pensamento empreendedor funciona para refletir sobre como fazer diferente transformando sua área e os processos da empresa. É uma mudança de mindset."***

Em Busca de Desafios

O catarinense Jean Carlo Klaumann alcançou o topo e a queda com pouco mais de 20 anos — e essa experiência moldou toda a sua bem-sucedida trajetória profissional

Jean Carlo Klaumann
CEO da Neogrid
Tecnologia
Turma 39 do MBA Executivo Internacional

Abrir uma empresa, alcançar o sucesso e quebrar. Essa sequência de acontecimentos é natural para muitos empreendedores, mas Jean Carlo Klaumann, atual CEO da Neogrid, finalizou esse ciclo muito jovem: com pouco mais de 20 anos. Tudo aconteceu rápido, mas ajudou a acelerar a maturidade de Jean. "Durante muito tempo, escondi esse fracasso, mas entendi que é importante, porque me trouxe, muito jovem, o entendimento do que é resiliência e dificuldade", diz.

Nascido em uma família de classe média baixa de Santa Catarina, de agricultores que se tornaram comerciantes, Jean começou a trabalhar ainda criança, com cerca de 10 anos de idade, no comércio da família — um mercado e uma loja de roupas. "Isso era algo muito comum na minha geração", conta. Já adolescente, fez alguns cursos de informática e se tornou instrutor em uma pequena escola de computação de Blumenau. Gostou tanto do assunto que, ao lado de dois amigos, resolveu fundar a própria escola — aos 18 anos de idade. "Era uma iniciativa muito ingênua de três garotos sem pais ricos. Compramos o primeiro computador fiado do meu pai e fazíamos de tudo, dávamos aulas, íamos nas escolas da região vender nosso curso, escrevíamos as apostilas", lembra.

Na garagem com meia dúzia de computadores em que davam as aulas, havia um aluno da turma dos adultos que perguntou se Jean e seus sócios ensinavam em empresas, já que a companhia em que trabalhava estava se digitalizando e precisava treinar as equipes. "Nunca tínhamos dado cursos corporativos, mas respondemos que 'sim, é claro!'", conta. A empresa não era qualquer uma. Tratava-se da afiliada da Rede Globo. "E aí ele me perguntou: 'vocês aceitam permuta?' Eu não fazia a menor ideia do que era, pedi para ele explicar como funcionava e descobri que poderíamos fazer propaganda da escola na Globo. Isso gerou uma espiral de crescimento." Em cinco anos, a escola treinou 6.000 pessoas e passou a ter algumas atuações em educação corporativa que iam além da temática da tecnologia. O problema é que o negócio ficou maior do que Jean e seus sócios tinham capacidade para gerenciar. "Eu era um bom professor e vendedor, mas não um bom gestor. Não entendia de planejamento estratégico, cálculo de receita. Comprávamos computadores sem planejar, pagávamos faculdade integral para os funcionários. Éramos patrões apaixonados, mas sem saber o que era um P&L", explica. Por conta de uma série de decisões erradas, a empresa faliu cinco anos depois de ser fundada. "Aos 23 anos, eu tinha vivido a experiência de empreender e precisei voltar ao mercado. Mas estava com a autoestima no pé, achando que eu era uma fraude." Mas ele não era. A experiência dolorosa ainda traria muitos ganhos no futuro.

Do treinamento para as vendas

No mercado de trabalho como funcionário, o catarinense teve vários momentos marcantes de carreira. Seu início ocorreu na Datasul, na qual foi contratado para criar a área de educação corporativa, mas onde teve oportunidade de se desenvolver na área fiscal, um assunto que Jean queria aprender mais. "Eu levantei a mão para a empresa e disse que gostaria de ser consultor na disciplina de financeiro, fiscal e contábil, para aprender sobre ERP", conta.

Enquanto estava na companhia, recebeu o contato de uma empresa sueca que iria abrir filiais pelo mundo — inclusive no Brasil — e estava recrutando. As conversas avançaram, e Jean foi entrevistado pelo RH da companhia, mas ela explicou que, para o setor de consultoria em ERP, eles precisavam de alguém com mais experiência — só que havia oportunidade na área de educação corporativa. A empresa estava montando o departamento, e Jean parecia a pessoa certa para liderar o projeto. Ele aceitou e se mudou para São Paulo para trabalhar no escritório da IFS, que desenvolve softwares. "Em 2000, cheguei em São Paulo e descobri que no escritório só falavam inglês. Mas eu não falava inglês. Era uma zona de desconforto total, mas comecei o ciclo de entender sobre o ambiente corporativo e de desenvolver competências que eu ainda não tinha, como pensamento global", diz. "Com carisma e paixão, fui transformando a universidade corporativa em algo interessante para o Brasil, vendendo cursos e serviços. Criei um inventário de produtos em que mostrava aos clientes que eles tinham pagado milhões em um software e estavam usando uma baixa porcentagem das funcionalidades."

Com bons resultados, Jean foi convidado a ser o líder da América Latina em educação corporativa, e, quando um diretor veio ao Brasil e o conheceu, o convidou para ir para a matriz. "Eu tinha 26 anos e fui pedir para o *country manager* — que eu nem conhecia — para ser expatriado", conta. Jean foi recebido pelo líder, que não deixou que os planos de trabalhar no exterior se concretizassem. Mas deu a Jean um horizonte que ele ainda não tinha entendido totalmente: que ele era um especialista em vendas e não em treinamentos. "Ele me disse que eu estava vendendo mais do que os vendedores dele. Então, ele me deu uma diretoria comercial pequena, com três pessoas, focada em empresas projetizadas", explica. A transição não foi simples, pois o ciclo de vendas desse segmento é longo, e Jean estava acostumado com resultados de curto prazo. "O *country manager* disse que eu estava indo bem, que era assim mesmo. Foi um grande mentor, e, no meu segundo ano no cargo, as coisas se encaixaram."

A vocação em vendas abriu novas portas para Jean, e ele foi convidado para trabalhar na Peoplesoft, uma empresa americana de softwares, para liderar a venda de sistemas voltados à gestão de pessoas. A companhia foi comprada pela Oracle, e Jean teve um momento bastante delicado. Com pouco menos de um ano de casa, foi convidado pela Datasul — onde havia iniciado a carreira corporativa — para retornar à empresa como gerente de marketing, sua área de formação. Nessa mesma época, ele estava prestes a se tornar pai e descobriu que estava com câncer. "Minha esposa foi para o hospital ter a nossa filha, e eu me internei no mesmo hospital para retirar o tumor e fazer o tratamento. Pela primeira vez me senti menos super-homem e achei que era hora de equilibrar", explica. Então, ele aceitou a proposta da Datasul e retornou para Santa Catarina. Além da questão pessoal, o que pesou na decisão foi a vontade de retornar a uma companhia nacional. "Gosto da autonomia e do protagonismo que as empresas brasileiras dão", explica. Na Datasul, ele se tornou diretor de vendas para a América Latina e vivenciou um marco importante para a companhia: a aquisição pela Totvs, na qual Jean permaneceu por seis anos como responsável pelas vendas e serviços de consultoria. Mas uma inquietação começou a surgir. "Descobri pela segunda vez o que era ser adquirido e tinha a sensação de que levaria muito tempo para entrar no núcleo duro de confiança da direção, não me sentia parte desse grupo de forma definitiva", conta. Então, resolveu ousar e sair da empresa. "Fui o segundo estatutário da Totvs a pedir demissão", diz. Fez isso porque seus olhos brilharam com uma companhia jovem que estava se profissionalizando, a Linx, que desenvolve softwares para o varejo.

Romantismo, mas com gestão

Em seu primeiro dia de trabalho como vice-presidente de operações (COO) na Linx, em 2011, Jean levou um susto: ao chegar no endereço da empresa, tudo o que existia era uma porta vermelha de ferro sem nenhuma especificação de que ali era mesmo o escritório.

"Minha esposa me levou para o trabalho e disse que, se eu não quisesse descer do carro, a gente voltava para casa", conta. "Aí entendi porque um dos sócios tinha me ligado alguns dias antes perguntando se eu fazia questão de ter uma sala própria ou se aceitaria sentar no meio da galera para me integrar. Eu aceitei, e depois ele me contou que, se eu dissesse que queria uma sala, ele teria que dar a dele para mim."

O ambiente despojado e de proximidade com os fundadores da empresa lembrou um pouco da época em que Jean começou a empreender com seus amigos na escola de informática — com a diferença de que o romantismo de agora tinha uma preocupação com gestão e profissionalização. "Já entrei no núcleo duro, numa iniciativa quase romântica de fazer uma empresa pequena crescer. Nos meus dez anos de empresa, sempre me senti dono da Linx, participando das decisões de aquisições, que foram 35 enquanto estive lá", diz. Quando iniciou na companhia, Jean também começou a frequentar o MBA Executivo Internacional do Profuturo/FIA — e isso foi importante porque ele conseguiu aplicar rapidamente conceitos que aprendia na sala de aula no dia a dia dos negócios. "Questões como ambidestria e colaboração para inovação foram desdobradas na Linx, tínhamos a preocupação de como fazer com que a entropia dos negócios não afogasse a inovação", diz.

Com sua vivência em grandes empresas, Jean levou para a companhia algumas práticas que podem parecer comuns em empresas mais consolidadas, mas que eram novidade para a Linx, como o *kickoff* de liderança. "Quando sugeri, os sócios nem sabiam o que era, eu expliquei, e eles toparam. O primeiro foi em 2011, organizei com pouco dinheiro, e, depois, já estávamos fazendo *kickoff* de gente grande", conta. Na Linx, Jean também teve oportunidade de ajudar a construir a gestão e desenvolver a liderança, fazendo com que a companhia escalasse e se tornasse rentável. Em 2021, a alta liderança resolveu vender a empresa para a Stone, do ramo de pagamentos eletrônicos, e Jean foi convidado pelos compradores para ficar um ano na companhia fazendo a transição e desenhando a sucessão. "Foi um fechamento de ciclo importante pelo legado que deixamos lá", conta.

No início de 2022, quando ele imaginava que, finalmente, poderia tirar o primeiro sabático de sua vida, surgiu uma grande proposta: tornar-se CEO da Neogrid. "A empresa foi criada pelo fundador da Datasul, então, tinha algo muito importante para mim, que é saber com quem eu vou tocar o trabalho — hoje o 'quem' importa mais para mim do que o 'quê'", explica. Mas o que também interessou Jean foi o fato de a brasileira Neogrid atuar em mercados maduros, como Europa e Estados Unidos. "É a minha primeira vez como CEO, tem sido um desafio interessante de oxigenar a cultura, ressignificar a marca e nos tornar mais competitivos para os clientes", conta. "Como empreendi e quebrei ainda jovem, perdi a arrogância muito cedo. Vivo aprendendo."

Visão de futuro

Um olhar sobre o que está por vir para negócios e pessoas

A liderança é um dos temas que precisam ser mais bem trabalhados pelos profissionais que querem se preparar para o futuro — é nisso que Jean acredita. Unindo diferentes conceitos de gestão que aprendeu ao longo dos anos, o executivo entende que os líderes precisam ser visionários, apaixonados e transformadores. "Ser portador de uma visão é fundamental, é preciso liderar o time em prol de alguma coisa — se você não sabe para onde quer ir, quem vai te seguir?", questiona. "Também tem que ser apaixonado, senão ninguém vai com você. E transformador para ir até um lugar em que você mesmo nunca foi e levar o time junto", explica. "Desenvolver líderes com esses papéis formará pessoas melhores para o mundo ambíguo em que vivemos."

> ***Minha esposa foi para o hospital ter a nossa filha e eu me internei no mesmo hospital para retirar um tumor. Pela primeira vez me senti menos super-homem e achei que era hora de equilibrar.***
>
> ***Como empreendi e quebrei ainda jovem, perdi a arrogância muito cedo. Vivo aprendendo.***

Das Coxinhas para os Aviões

João Bosco começou a trabalhar ainda adolescente vendendo salgados para ajudar os pais. Sua gana e sua coragem o levaram até a liderança de uma das empresas mais importantes do Brasil

João Bosco da Costa Júnior
Presidente e CEO da Embraer Defense & Security
Aviação e defesa
Turma 45 do MBA Executivo Internacional

Quando tinha apenas 14 anos, João Bosco iniciou sua trajetória profissional. Sua ocupação na época não era em nenhuma grande — ou pequena — empresa, mas construiu fundamentos e trouxe ensinamentos que ele usa até hoje. Adolescente, Bosco (como é conhecido) vendia salgados nas ruas de São José dos Campos, no interior de São Paulo, sua cidade natal. "Minha mãe fazia coxinha e pastel, e eu ia vender para ajudar em casa. Foi um ponto de inflexão, pois percebi a minha aptidão para a área comercial e percebi o que eu queria na vida desde cedo."

Então, ainda bem jovem, ele começou a correr atrás de seu objetivo de trabalhar em uma empresa. A Ericsson, companhia de telecomunicações que tem uma fábrica em São José dos Campos, era uma opção interessante para Bosco. "Meu pai se aposentou na empresa, e foi lá a minha primeira oportunidade", diz. Ele entrou na multinacional em 1998 como operador de produção e logo foi convidado para se tornar auxiliar de almoxarife. "Ingressei na área de materiais e passei a conhecer toda a *supply chain* de uma grande corporação", explica. Nos primeiros anos, trabalhou com gestão de estoque e foi chamando a atenção de colegas e da liderança. "Eu era muito novo, meu sonho era trabalhar no escritório, usar gravata", lembra. A chance surgiu quando foi convidado a migrar para o departamento de planejamento de materiais. "Nessa área eu trabalhei muito tempo, a área deslanchou. Depois fui cuidar de compras, me tornei um *expert* do planejamento de materiais da Ericsson, e a empresa me colocou como responsável por uma ferramenta que tinha chegado há pouco tempo no Brasil: o SAP, no qual cuidava do módulo de materiais", conta.

O conhecimento da tecnologia fez com que outras portas se abrissem. Tanto que, em 2005, a Embraer, empresa brasileira fabricante de aviões com sede em São José dos Campos, o convidou para implantar o SAP por lá. "Eles estavam procurando alguém que conhecesse o assunto e me chamaram. Entrei como analista de planejamento em 2005", lembra.

Dezoito anos de crescimento no ar (e na terra)

Durante os primeiros anos na Embraer, Bosco se especializou em cuidar dos "materiais que voam", ou seja, de todas as peças e materiais necessários para que um avião decole e se mantenha no ar — desde porcas e parafusos até placas de titânio e peças para o interior dos aviões. Após cerca de seis anos como analista, ele foi promovido a gerente e, nesse cargo, teve a oportunidade de mudar o seu enfoque e atuar com os "materiais indiretos" da aviação. Líder na área, ele passou a cuidar de toda a logística da companhia ao redor do mundo. "Fui fazendo um bom trabalho e fiquei conhecido na organização porque cuidava de processos para muita gente", lembra. Para Bosco, esse foi mais um ponto de inflexão na sua carreira. "Até aqui eram três: as vendas de salgadinhos, a minha entrada na Ericsson, porque lá investiram demais em mim, e a área de indiretos na Embraer, que me tornou muito conhecido", explica.

Nessa época, por volta de 2015, ele entendeu que era importante buscar um curso que pudesse ajudá-lo profissionalmente. Inspirado pelo então CEO da Embraer, Frederico Curado, que havia feito o MBA Executivo Internacional da FIA, Bosco procurou pelo curso da FIA — que tinha uma parceria com a Embraer naquele momento. "Foi a melhor instituição de ensino que passou pela minha vida, não só pela qualidade dos professores, mas também pela do pessoal administrativo e dos colegas. Os módulos internacionais foram divisores de água para a minha capacitação profissional. Visitamos o Kings College em Cambridge, e eu fiquei no alojamento ao lado do quarto do Charles Darwin. Brinco que só de ter dormido ali meu espírito já aprendeu", conta. "Quando terminei, minha carreira acelerou, e hoje estou à frente de uma das maiores empresas do Brasil, um orgulho nacional que é a Embraer".

Após o curso, Bosco recebeu uma oportunidade importante para seu crescimento. Até então, o executivo só conhecia um lado da mesa: o que comprava. Por isso, em 2016, um diretor o convidou a ir para São Paulo experimentar a outra ponta, a de vendas. "Fiquei responsável pela área de contratos de vendas da área de defesa, depois, pelas vendas globais", explica. Até 2022, ele comandou a área comercial — mas, no final do ano, recebeu um grande convite: ser líder da área de defesa e segurança da fabricante de aviões.

Mesmo como CEO, Bosco nunca esquece do seu começo, da época em que vendia salgados para ajudar os pais. "A coisa mais importante de um profissional na minha posição é ser um *hunter*. A mesma gana que eu tinha de voltar com o pote vazio de salgados para casa lá atrás é a que eu tenho hoje de cumprir as metas do ano fiscal", diz. "A atitude é a mesma: de ser o caçador, de ser resiliente para buscar os resultados."

Aprendizados e desafios

Bosco teve a felicidade de, desde muito cedo em sua carreira, poder liderar pessoas — algo que gosta muito de fazer. E, para ele, por mais que seja essencial estudar o tema e sempre estar atento às teorias de gestão, a liderança é algo que se aperfeiçoa ao longo da vida, no dia a dia. "Aprendo muito junto às equipes. É importante ter a chance de mostrar as vulnerabilidades e deixar que as pessoas ajudem você a crescer", explica. A crise da covid-19 foi um momento de grande aceleração de aprendizado. "A pandemia trouxe benefício e muitas dores também. A humanidade está estudando como será o pós-pandemia, estamos nos acomodando nessa aceleração tecnológica que vivemos", explica.

Para a Embraer, o momento foi complexo, já que as restrições às viagens acabaram afetando os negócios. "Conseguimos colocar medidas de gestão robustas, adaptamos a empresa à realidade e estamos recuperando os volumes que tínhamos no pré-pandemia". explica. "A adaptação só foi possível porque a Embraer é formada por pessoas capacitadas e maduras. Criamos rotinas de gestão que pudessem garantir o resultados das áreas. A gente se adaptou porque isso está no nosso DNA flexível. Temos a capacidade de nos reinventar a cada dificuldade."

Como líder, sua preocupação foi criar e aprofundar as relações de confiança com equipes, áreas parceiras e colegas. "Busquei fazer com que a pandemia não criasse uma distância entre mim e meus liderados, meus pares. Busquei me reinventar para trazer novas capacidades à minha forma de liderar", diz. Tudo isso para estimular, sempre, o aprendizado — uma das questões mais caras para Bosco, que se considera um eterno aprendiz. "Todo dia é uma jornada constante em busca do aperfeiçoamento. A única coisa que eu sei é que eu não sei nada."

Visão de futuro

Um olhar sobre o que está por vir para negócios e pessoas

Enxergar o que vem pela frente e quais são as tendências do mundo sempre foi algo complexo. Mas isso, para Bosco, se tornou ainda mais difícil nos últimos anos. "O que eu tenho certeza é que teremos muita incerteza pela frente", diz. E, por ter essa percepção, ele acredita que uma das atitudes mais importantes para qualquer profissional é desenvolver o poder de adaptação. "Precisamos ser flexíveis para aceitar as mudanças e nos adaptar ao que está por vir", explica. Mas, para conquistar isso, também é fundamental entender que ninguém faz nada sozinho, e que os negócios só dão certo quando todos estão juntos em busca do mesmo objetivo. "Temos que criar conexões verdadeiras independentemente do processo ser físico ou virtual. Criar esses laços é muito importante, temos que celebrar, estar conectados de verdade e colocar isso na agenda para fazer as coisas acontecerem."

A mesma gana que eu tinha de voltar com o pote vazio de salgados para casa lá atrás é a que eu tenho hoje de cumprir as metas.

Todo dia é uma jornada constante em busca do aperfeiçoamento. A única coisa que eu sei é que eu não sei nada.

Em Constante Transformação

Empreendedor formado em psicologia, Jonas Marques tem uma trajetória dinâmica marcada pela necessidade de aprender continuamente e de liderar mudanças

Jonas Marques
Vice-presidente sênior na Bayer Consumer Health na Austrália e Nova Zelândia
Indústria farmacêutica
Turma 35 do MBA Executivo Internacional

Empreendedor, psicólogo, executivo. Todos esses rótulos podem ser usados para Jonas Marques, mas a maneira como ele se define vai além de sua atuação profissional: "Sou um cara apaixonado pela vida". Essa paixão diz muito sobre toda a sua trajetória, que começou ainda adolescente, em Fortaleza (CE), sua cidade natal. "Sempre fui muito inquieto, desde novo. Queria montar meu negócio." Foi assim que abriu sua primeira empresa, voltada para atividades de cinema e fotografia.

Embora já estivesse empreendendo, não deixou de estudar e cursou a faculdade de psicologia — onde conheceu sua esposa. "Casamos e tivemos filhos gêmeos. Éramos dois psicólogos, alguém ia ter que trabalhar para ganhar dinheiro. Então a gente pensou em procurar algo diferente. Nessa época, eu já tinha mudado de ramo, tinha uma empresa de vendas de carros usados", conta. Atrás de oportunidades, Jonas encontrou uma chance na área de vendas da farmacêutica Roche. Foi admitido e, para iniciar o trabalho, precisava fazer um curso em São Paulo. "Quando voltei para Fortaleza, minha esposa tinha vendido meu negócio e comprado um apartamento com um financiamento de 12 anos, que a gente tinha que dar um jeito de pagar", lembra. Jonas, então, mergulhou de cabeça no seu trabalho de representante de vendas, que tinha como objetivo convencer os médicos a prescreverem os medicamentos que a Roche desenvolvia. Para ser mais efetivo nessa tarefa, ele buscou inspiração na psicologia. "Desenvolvi uma metodologia baseada em *[Carl]* Jung para segmentar os médicos em *clusters* psicológicos: são mais abertos à inovação? São mais abertos a se comunicar?", explica.

O método funcionou tão bem que, em dois anos, Jonas foi promovido a gerente e rodou o Brasil: foi para Recife e Pernambuco e, depois, se mudou com a família para Curitiba. Após três anos no sul, em 2000, ele recebeu uma nova proposta da Roche:

montar a área de desenvolvimento de negócios. "Ninguém sabia direito o que era isso, era algo novo no mercado. Meu diretor disse que ia me dar três livros para ler, que eles trariam a minha família para São Paulo e que confiava em mim para montar a área. Mas eu disse que não tinha como, pois não falava inglês." Só que o chefe bateu o pé: por confiar no subordinado, daria quatro meses para que o departamento fosse montado. Se desse tudo certo, Jonas ganharia um curso de inglês da empresa.

Deu certo. A área foi criada, e Jonas recebeu as passagens para passar 30 dias em Cincinnati (Ohio) estudando inglês. "Tinha 30 anos e sabia que se eu não aprendesse inglês, minha carreira ia parar. Já haviam me dito isso em *feedbacks*", conta. A questão é que ele precisava conseguir assimilar a língua em apenas um mês — e isso gerou uma enorme ansiedade. "Estava nevando quando eu cheguei em Cincinnati, e tive um acesso de pânico. Eu, um psicólogo, senti perigo iminente de morte. Coloquei as coisas na mala, liguei para a minha esposa e disse que estava voltando, que não ia ficar. Ela me disse para deitar um pouco e conversar e que, se eu continuasse me sentindo assim, poderia ir embora. Mas eu me acalmei e consegui ficar", lembra. Nos primeiros dias, Jonas não entendia nada de inglês. Então, criou novamente um método para auxiliá-lo no desafio: estudava 8 horas por dia e, quando as aulas acabavam, ia para as lojas e para as ruas conversar com as pessoas. "Falei muito com os *homeless* para entender a vida deles, eu ia fazendo entrevistas com eles. Magicamente, em 30 dias, comecei a falar inglês." Para se aprofundar, ainda passou mais 30 dias de férias na casa de uma amiga na Pensilvânia e foi aluno ouvinte em um MBA.

Vontade de aprender

Em dois anos e meio após seu retorno a São Paulo, Jonas assumiu a gerência de marketing e, depois, a diretoria da divisão de oncologia da Roche. Mas a necessidade de fazer e aprender coisas novas começou a ficar bem forte. "Conversando com um amigo mais sênior, percebi que eu estava passando por um momento de estagnação, de falta de aprendizado", diz. Esse amigo pediu para que ele fizesse três listas: a primeira com os nomes de pessoas que ele procurava quando tinha um problema de finanças. A segunda, listando o que levava ele próprio a ser consultado por amigos e colegas. E a terceira uma lista geral com seu *networking*. "Eu não tinha nenhuma pessoa para colocar na terceira lista", lembra. Então, tomou uma decisão dupla: cursar um MBA por conta própria para fazer *networking* e ter mais conhecimento em negócios, e deixar a Roche. "Ainda nem sabia para onde iria, mas um *headhunter* me ligou com uma vaga na Stiefel Laboratories, que depois foi comprada pela GSK", diz Jonas, que ficou na companhia por cerca de três anos e meio.

Nesse momento de transição, o executivo abraçou o MBA como uma grande oportunidade. "Sempre fui um aluno médio, com dificuldade de atenção, de ficar na sala de aula, de ler um livro até o final. Mas quando eu fui para a FIA entendi que era a virada. Eu estava numa escola de primeira linha, com possibilidade de viajar para o exterior. Quis me dedicar, participar, sentar na primeira fila. Dormi 4 horas por noite durante um ano e meio porque ficava estudando", conta. O sacrifício valeu a pena. Não só porque nessa época foi convidado para se tornar gerente geral da ISDIN no Brasil, mas também porque seu conhecimento se ampliou verdadeiramente. "A psicologia diz que o seu nível de percepção tem a ver com o seu nível de conhecimento — quanto maior seu conhecimento, maior a sua percepção sobre diversas situações", explica.

Transformações

No período em que atuou como gerente geral na ISDIN no Brasil, Jonas conseguiu encontrar a sua paixão no trabalho: os *turnarounds*. "Eu me descobri como um profissional que precisa fazer mudanças, transformações", explica. Então, surgiu o convite que iria transformar profundamente, mais uma vez, sua vida: assumir a área de *consumer health* da Bayer no Brasil. Em quatro anos, Jonas e seu time dobraram os resultados. "E as minhas três listas, aquelas que meu amigo disse para eu fazer, são muito maiores hoje", diz.

Mas, em 2014, um acontecimento trouxe um grande impacto para ele e para sua família: o falecimento de um de seus filhos gêmeos. "Minha esposa e eu, dois psicólogos, entendemos muito bem o ciclo do luto. Mas quando chega a nossa vez é duro. Foi difícil, a minha alma tem 150 anos de vida", conta. "Foram três saltos na minha vida: empreender, aprender — o inglês e o MBA da FIA —, e sobreviver ao meu filho. Foi muito forte, e, hoje, minha esposa e eu temos uma associação que auxilia mães vulneráveis."

Para seguir em frente, ele resolveu conversar com a sua liderança. "Eu disse para eles que precisava me mover, que tinha parado de aprender. Eles perguntaram o que eu queria. E eu respondi que era ir para fora do Brasil." Seria mais um salto em sua vida. Ele e a família se mudaram para Milão, onde ficaram de setembro de 2016 a janeiro de 2021. "Errei e aprendi muito na Itália. Meu segundo ano foi de muito sucesso, o terceiro também, mas já era hora de eu achar um sucessor porque estava me tornando obsoleto. E é isso que eu gosto de fazer como líder: me tornar obsoleto. É como a apoptose celular: a célula nasce, matura e morre para dar lugar a outras. Como líder é a mesma coisa: você faz a estratégia, cria a cultura, deixa o time trabalhar e vai embora", explica.

Embora já estivesse se preparando para uma nova mudança, Jonas enfrentou algo completamente inesperado em seu último ano na Itália: a pandemia da covid-19. "Bérgamo ficava a 40 minutos da minha casa, e, ali, morriam 4 mil pessoas por dia em 2020. Foi um ano muito duro, mas uma experiência interessante de ajudar a empresa a lidar com a crise na Europa", diz. E ele conseguiu, também, compartilhar seus aprendizados e informações com outros colegas do Brasil. "Como eu estava na Itália, a FIA me convidou para falar sobre o coronavírus. Eu fazia uma dobradinha com o professor Jacques Marcovitch, que trazia o cenário macro, e eu falava o que os executivos precisavam fazer para se preparar para o coronavírus."

Em janeiro de 2021, Jonas e a família chegaram à Austrália, onde ele assumiria a posição de vice-presidente sênior para Austrália e Nova Zelândia na divisão de *consumer health*. "Os aeroportos estavam fechados, mas chegamos na Austrália e não tinha covid. Ficamos de quarentena no hotel com um policial na porta, mas, quando saímos, não tinha covid. É uma realidade muito diferente, um mercado consolidado, com pleno emprego, é um local protegido", conta.

As questões culturais foram desafiadoras para o executivo. Um plano de diagnóstico e trabalho que costuma levar, em média, 100 dias, demorou seis meses para se consolidar na Austrália. "Quando cheguei aqui, era uma situação difícil, de *turnaround* mesmo. Na cultura australiana, as pessoas precisam ser ouvidas e ter tempo para assimilar e concordar. Mas, com a pressão do tempo, não dava para esperar consenso. Eu estava tentando ouvir, só que ouvia com pressa porque tinha a estratégia para executar. Até que chegaram para mim e disseram: 'Assim não vai dar. Embora você esteja certo, tenha a cultura dos números, ainda estamos presos no passado e precisamos de tempo. Se você quiser ir rápido, você vai sozinho. Se quiser ir junto, vai ter que esperar'. Isso foi um grande aprendizado para mim", conta.

E esse aprendizado sintetiza bem algo do qual ele se orgulha bastante: de ser quem ele é, acertando ou errando. "Não tem coisa melhor do que você ser você mesmo, de ter todas as suas conquistas e todas as suas perdas. Eu me orgulho dos meus erros porque sou mais feito deles do que dos meus acertos." Com esse entendimento, ele acredita que sucesso não é o cargo ou o dinheiro que alguém ganha — mas a paz de espírito de ser você mesmo. "Na Roche, tive a oportunidade de trabalhar com oncologia. Vi muita gente morrer, e isso mudou muito a minha visão. Construí essa lucidez, de que o melhor é ser você mesmo. Existe uma doença chamada tricofagia, na qual as pessoas comem cabelo e precisam fazer cirurgia para retirar o cabelo do estômago, que não digere. No trabalho e na vida é a mesma coisa: se você escuta o que não quer e não fala o que precisa, vai ficar comendo cabelo. E isso pode gerar frustração e outras doenças. O melhor é não comer cabelo."

Visão de futuro

Um olhar sobre o que está por vir para negócios e pessoas

"A incerteza é a grande certeza do momento". Essa é a percepção de Jonas sobre o futuro dos negócios, do trabalho e das pessoas. Para ele, os líderes precisam estar cada vez mais preparados para tomar decisões sem informações, tendo como base a tentativa e o erro. "Nos últimos 30 dias, trabalhei em Madri, na Suíça, no Brasil. E, conversando com os executivos de todos os lugares, é a mesma preocupação. O ambiente externo não é mais tão definitivo, precisamos entender o VUCA *[acrônimo para Volatilidade (Volatility), Incerteza (Uncertainty), Complexidade (Complexity) e Ambiguidade (Ambiguity)]* e estar preparados para agir", diz.

Além disso, para Jonas, o futuro também trará choques geracionais — ainda mais aprofundados por conta da pandemia. "Todas as empresas estão vivendo esse desafio de liderar sem tocar. Eu tive muita dificuldade com isso: como liderar sem estar presente fisicamente? O presencial não vai voltar como era. Quando eu entrevisto executivos, sempre me perguntam quando precisam ir para a empresa, porque moram até em outros países. Isso muda tudo: como medir produtividade, engajamento, crescimento? Eu ainda entendo que o toque humano tem um fator de crescimento."

> ***"A psicologia diz que o seu nível de percepção tem a ver com o seu nível de conhecimento — quanto maior seu conhecimento, maior a sua percepção sobre diversas situações.***
>
> ***Não tem coisa melhor do que você ser você mesmo, de ter todas as suas conquistas e todas as suas perdas."***

Executar com Estratégia

Realizadora e sedenta por conhecimento, Jurema Aguiar de Araujo encontrou na indústria farmacêutica o local ideal para unir duas paixões: marketing e inovação

Jurema Aguiar de Araujo
Diretora de Marketing e Inovação na Hypera Farmacêutica
Turma 27 do MBA Executivo Internacional

A educação sempre foi um valor fundamental para a família de Jurema Aguiar de Araujo. Filha de um empreendedor e de uma vendedora, ela foi a primeira geração a ingressar em um curso superior e percebia os sacrifícios que os pais faziam para que ela pudesse estudar. "Meus pais diziam que a educação era a alavanca transformadora na vida das pessoas e nunca abriram mão disso", conta. Por isso, ela conseguiu passar por colégios particulares e cursar marketing na Escola Superior de Propaganda e Marketing (ESPM). "Meus pais nem sabiam o que era esse curso, mas eu sempre quis atuar na área, estudar posicionamento de marcas e de negócios", explica.

Durante grande parte de sua carreira, Jurema trabalhou em empresas nacionais do ramo alimentício, como Arisco e M.Dias Branco, dona de marcas como Adria e Piraquê, onde iniciou como gerente e se tornou diretora. "Foi muito importante para eu entender a complexidade do Brasil e ter o foco na execução, que era uma das características das empresas nacionais", diz. Mas, por volta de 2004, quando estava com cerca de dez anos de carreira, Jurema começou a desejar uma atuação mais internacional. E isso fazia sentido, pois a época trazia um grande otimismo com a globalização. "Haviam surgido a União Europeia e o Euro, a Ásia estava crescendo e era um cenário forte de globalização que me interessava", conta. Como em seu dia a dia de trabalho ela havia se especializado no mercado interno, buscou na educação — como sempre faz — o suporte necessário para compreender a complexidade de um mundo globalizado. E encontrou no MBA Executivo Internacional do Profuturo/FIA uma oportunidade de desenvolver sua visão internacional. "Eu trabalhava em uma empresa brasileira do nordeste, que tinha sua complexidade. Mas estava sedenta por aprender sobre outras economias, sobre a comunidade europeia, sobre a Ásia. O MBA representou essa ponte, de uma executiva focada em marketing especializada no mercado brasileiro para uma com olhar global", conta.

Durante o curso, quando estava com 34 anos e seu filho tinha apenas um ano e meio, foi promovida na M. Dias Branco ao seu primeiro cargo de diretoria. "Foi interessante, eu virei *C-Level* e participei da abertura de capital da empresa, desenhando a estratégia", explica. Mesmo assim, ela continuava com o desejo de atuar em uma companhia internacional. "Queria experimentar o que é estar presente em diversos países, atuar com a cadeia global, ter que lidar com uma questão estratégica mais complexa", explica. Por isso, quando surgiu o convite para ser diretora de marketing na multinacional Castrol, fabricante de óleos, fluidos e lubrificantes, ela aceitou. "Era um movimento lateral, mas o mais importante era a oportunidade de me tornar uma executiva global, interagir com outros países, fazer parte da rede de líderes de outros locais", explica. O movimento deu certo: depois de quase três anos como diretora da divisão de *consumer lubricants,* ela tornou-se gerente geral da mesma divisão. "Meu reporte era direto para os Estados Unidos, e o Brasil cumpria um papel importante de crescimento, perdíamos só para a China. Mas tudo o que eu realizei na Castrol teve muita influência do que aprendi na FIA,porque era muito sobre estratégia. A empresa estava deficitária, sem resultado positivo no Brasil, e meu trabalho era relacionado a desenhar a estratégia da organização. Era uma época em que o mercado brasileiro estava explodindo de vendas de carros novos, e foi interessante porque, de fato, conseguimos revisar a estratégia, fazer novas parcerias e implementar inovações", diz.

Ir e voltar

Depois da Castrol, Jurema passou pela, na época, Hypermarcas, farmacêutica fabricante de medicamentos como Gelol, Benegripe Tamarine, onde atuou como diretora de marketing para mercado consumidor por três anos. Só que o coração bateu quando ela foi convidada pela Avon para ser diretora executiva de marketing. "Tinha uma coisa emocional porque a minha mãe trabalhou como revendedora da Avon, recebeu prêmios. Veio forte a questão da inclusão da revendedora, o fato dessas mulheres serem arrimo de família — e de muitas delas serem oriundas de violência. Pensei que eu iria juntar propósito com negócio", conta.

O cenário que Jurema encontrou parecia promissor: a Avon estava em um momento de *spin-off* e, com isso, havia a expectativa de que o Brasil se tornasse um grande protagonista, liderando a agenda de inovação e de comunicação. “Mas, na prática, o que aconteceu foi uma crise. Cheguei em setembro de 2017, e, em dezembro, tivemos uma crise de crédito para as revendedoras. Foi surreal, e isso atrapalhou muito os planos do Brasil. Era algo pontual, mas não consegui colocar a agenda que eu gostaria”, explica. Isso foi difícil para ela, que se define como uma realizadora. “Sou fazedora, gosto de implementar, de fazer a estratégia acontecer. Se você me der uma missão, eu vou morrer tentando executar”, conta. A crise, a dificuldade de realizar e a resistência que, na época, a Avon tinha para diversificar seus canais de venda — algo no qual Jurema particularmente acreditava — levaram a executiva a retornar para a Hypermarcas — agora já batizada de Hypera. “Eles vieram conversar comigo, perguntaram como eu estava e me convidaram para voltar. Era um trabalho com foco na Neoquímica para focar em propósito, posicionamento e essência. Depois de três anos, me convidaram para ir para a unidade de *consumer health*, e o desafio agora é cuidar de grandes marcas que falam direto com o consumidor, como Engov, Benegrip e Tamarine”, diz.

Hoje, o trabalho de Jurema une marketing e inovação, e seu desafio é valorizar e fortalecer o ecossistema das marcas, destacando a necessidade do autocuidado e da valorização da saúde. “Isso mudou muito depois da pandemia, as pessoas perceberam que não importa o quanto você tem de dinheiro no banco se não tem uma boa imunidade. Trabalhar com saúde tem valor especial, ainda mais unindo propósito e inovação.”

Visão de futuro

Um olhar sobre o que está por vir para negócios e pessoas

Interessada em aprender e se atualizar constantemente, Jurema tem se especializado na temática da governança corporativa e fez cursos sobre o assunto em instituições como Instituto Brasileiro de Governança Corporativa (IBCG), London School of Economics and Political Science (LSE) e Escola de Negócios Saint Paul. Com essa bagagem acadêmica e sua vivência profissional, ela vê na governança um pilar importante para o futuro dos negócios — desde que haja um olhar atento para a atuação de quem faz os negócios acontecerem, as pessoas. "Avançamos muito em governança nos últimos anos no Brasil, mas penso que, hoje, a maior responsabilidade dos líderes seja formar uma cultura de ética com inovação", diz. Para ela, se a liderança não estiver engajada na cultura e nos valores corporativos, não é possível que a governança avance. "Estamos falando de distribuição de riqueza para o coletivo, para a sociedade. Sem a dedicação a essa cultura, mesmo com as melhores ferramentas, produtos e serviços, a inovação, a governança e o propósito — que impulsionam as empresas — não vão avançar."

> ***"Meus pais diziam que a educação era a alavanca transformadora na vida das pessoas e nunca abriram mão disso.***
>
> ***Sou fazedora, gosto de implementar, de fazer a estratégia acontecer. Se você me der uma missão, eu vou morrer tentando executar."***

Empreendedora Global

Da indústria têxtil para a construção civil, Karina Lima encontrou no Paraguai a oportunidade de criar novos negócios inspirados na experiência brasileira

Karina Lima
Presidente da Axial Constructora
Construção civil
Turma 38 do MBA Executivo Internacional

Formada em Direito, Karina nunca exerceu a profissão. Mas essa escolha tem uma explicação que está no DNA: filha de empreendedores, ela sempre empreendeu — desde os 15 anos. No entanto, a formação jurídica, um sonho de juventude, não foi em vão. "O curso me deu uma base da parte contratual muito boa que me ajuda até hoje, mas eu achava que iria fazer isso para assumir a área jurídica da empresa dos meus pais. Não foi o que aconteceu", diz Karina.

O que aconteceu é que a inquietude e a vontade de ter o próprio negócio levaram Karina a abrir a própria empresa. Estudando o mercado têxtil, que a atraía, ela ficou intrigada com uma questão: não havia, no Brasil, cortinas pronta-entrega de qualidade. Anos atrás, quem quisesse adquirir esse item de decoração com acabamento bem-cuidado precisava recorrer a ateliês de costura, o que deixava o processo mais lento. Com isso em mente, Karina enxergou uma boa oportunidade para fazer negócios. Sua companhia logo ampliou o portfólio de produtos para tapetes, almofadas e mantas. "Em cinco anos, a empresa cresceu, estava com 350 funcionários e atendia 30% do mercado. Tudo isso, e eu tinha só 25 anos." A companhia era liderada por Karina e seu então marido que, na época, também era seu sócio. Alguns anos depois, eles se divorciaram, só que continuaram tocando o negócio. Mas Karina estava inquieta. Talvez fosse o momento de mudar de rumo. "Eu queria seguir um novo caminho até para reestruturar o relacionamento, pois era complicado continuarmos trabalhando juntos", explica.

Consciente de que precisava se preparar para um possível momento diferente de sua vida, Karina começou a buscar algum curso para fazer. Embora tivesse a base jurídica e um pouco de conhecimento de marketing — graças a um MBA sobre o tema e a seu interesse constante por neurociência ligada ao consumo —, ela sentia falta de uma base voltada à administração estratégica, área sobre a qual possuía apenas seu conhecimento empírico de empreendedora. Foi nesse contexto que chegou ao MBA Executivo Internacional do Profuturo/FIA. Depois de uma conversa com o professor James Wright, na qual contou sua história e explicou suas necessidades, Karina decidiu que o curso internacional da FIA era o caminho certo a seguir.

Divisor de águas

"Cheguei um tanto assustada nas aulas, porque ali eu convivia com altos executivos, pessoas que estavam no mercado há muito tempo, e eu era uma empreendedora", lembra. "Mas foi um divisor de águas." Isso porque, com os colegas e professores, Karina conseguiu preencher algumas lacunas de conhecimento, especialmente nas áreas de finanças, estratégia e planejamento. Isso a tornou mais preparada — e fortalecida — para fazer a transição que tanto queria: vendeu a indústria têxtil e passou a empreender na construção civil, onde está até hoje. "As matérias me deram esse norte, e eu fui para o novo ramo", conta.

A construção civil sempre esteve, de maneira lateral, presente na vida de Karina, pois ela costumava administrar obras durante sua época como empreendedora têxtil. "Eu gostava de construir galpões para a empresa, ou mesmo pequenos imóveis." Analisando o mercado com mais profundidade, ela se interessou por Centros Logísticos Industriais Aduaneiros, ou CLIAs. O problema é que, no Brasil, esse é um mercado difícil, muito restrito e dependente de licitações. Por isso, ela começou a mapear possibilidades para esse tipo de empreendimento da América do Sul. "Talvez eu tivesse uma chance por lá", diz.

A oportunidade surgiu no Paraguai, país que não possuía esse tipo de centro logístico. Por isso, Karina entrou em contato com o governo, que se interessou muito pela questão. Quando saiu uma licença para montar uma operação por lá, ela se mudou com o seu filho e começou a desenvolver, ao lado do governo local, um sistema de centro logístico aduaneiro. "No Brasil, a gente tem grandes *players* no mercado da construção civil, é um mercado maduro, é difícil se sobressair. O que eu enxerguei no Paraguai, além dos benefícios tributários, foi a possibilidade de me sobressair num mercado jovem", explica.

Deu certo. A empresa de Karina, a Axial Constructora, tem 200 funcionários diretos e indiretos e será a responsável por inaugurar, em janeiro de 2024, um CLIA chamado Porto C, que vai operar na cabeceira da Ponte Nova, na fronteira entre o Brasil e o Paraguai. A localização, aliás, é uma boa metáfora da atuação de Karina no país: a união de aprendizados e inspirações dos dois países."Estamos ampliando os horizontes, tudo através de um intercâmbio de soluções entre Brasil e Paraguai", diz. No seu futuro próximo, Karina já tem outro grande projeto:

a construção da primeira cidade inteligente do país, um empreendimento de 90 mil metros quadrados que deve iniciar no ano que vem. "Os projetos estão caminhando, e o sucesso fala por si só."

Ajustes de expectativas

Quando Karina chegou ao Paraguai, ela ainda tinha uma visão externa sobre o país e não compreendia algumas especificidades locais — o que a fez ter algumas expectativas que não se concretizaram. Uma delas era o planejamento de construir seu porto seco em dois anos — algo que não aconteceu. "A visão que eu tinha não correspondia às demandas exatas do país naquele momento. Não estava levando em conta a cultura local, se o Paraguai estava preparado ou não para absorver rapidamente uma nova estrutura aduaneira que, no Brasil, era madura há 20 anos", explica.

Daí surgiu um de seus grandes aprendizados. "Para começarmos novas empreitadas na área empresarial, temos que avaliar todas as variáveis, e uma delas é a cultural. Às vezes deixamos isso muito de lado, pensando que, se funcionou bem em um lugar, vai funcionar bem no outro. Mas não é assim, cada país tem sua cultura, e precisamos entendê-la", diz. "Tivemos que ampliar o tempo do projeto, porque o mercado não estava maduro." Para não ficar parada enquanto o Paraguai se preparava para um porto aduaneiro do porte do que a Axial construiria, Karina olhou as outras demandas do mercado paraguaio e conseguiu atuar com a construção de condomínios e rodovias. "Cada projeto tem seu momento ideal."

Visão estratégica

Karina acredita que a maior parte dos empreendedores que não tem nenhum histórico de carreira executiva de alto nível começa a tocar os negócios de forma prática, aprendendo no dia a dia. "No meu caso não foi diferente. Tudo o que eu fazia era empírico." As coisas começaram a mudar no MBA da FIA, quando ela passou a exercitar um pensamento mais estratégico."No curso, comecei a ter um olhar muito mais crítico sobre as minhas decisões, a avaliar as demandas de mercado, a entender quem são os *players* que estão jogando naquele setor. Com isso, você começa a pensar de forma mais estratégica para entender se o novo desafio faz sentido ou não", explica. E, hoje, ela tem uma certeza importante. "Nenhuma empresa quebra na minha mão. Tenho certeza absoluta disso. Aprendi a me antecipar, a entender se o caminho que estou escolhendo é bom ou não — e, se não for, tenho bases para mudar os rumos sem deixar que o pior aconteça, fazendo os ajustes necessários."

Para que os negócios deem certo, Karina acredita que, além do pensamento estratégico, é preciso ter um olhar humanizado sobre as pessoas com as quais se constrói uma empresa. "Queremos que os funcionários tenham uma visão de futuro e se desenvolvam não só profissionalmente, mas pessoalmente também. Não tem como alguém crescer se o pessoal não acompanha o profissional, uma coisa não acontece sem a outra. Temos que cuidar do funcionário de forma integral", explica. Ela acredita que esse é um dos grandes atributos da liderança, e que uma empresa só consegue crescer por meio de pessoas, de uma boa equipe que se desenvolve constantemente. "Com isso, a gente consegue formar times que perduram."

Visão de futuro

Um olhar sobre o que está por vir para negócios e pessoas

Karina acredita que os líderes de 20, 25 anos atrás, com um perfil mais duro, não estarão prontos para encarar as demandas do futuro. Para ela, que diz ter se desenvolvido de maneira gradual na liderança, a palavra para liderar agora e nos próximos anos é "humanidade". "Meu desenvolvimento como líder foi de forma bem paulatina, não foi rápido. A maturidade só vem com o passar dos anos, e fui me tornando uma líder mais empática, com um olhar mais carinhoso para a empresa. É uma transição que vemos na liderança, no mundo inteiro", explica. Isso porque, para ela, as pessoas hoje querem estar nas empresas por inteiro: unindo as esferas pessoais e profissionais. "Elas querem fazer parte da empresa como indivíduos integrais que são, trazendo todos os setores que englobam as suas vidas. Isso se reflete até nas marcas e é uma mudança que impacta em todos os líderes."

> *"Para começarmos novas empreitadas na área empresarial, temos que avaliar todas as variáveis, e uma delas é a cultural.*
>
> *A maturidade só vem com o passar dos anos, e fui me tornando uma líder mais empática, com um olhar mais carinhoso para a empresa."*

Presidente ou Escritor?

Ao refletir profundamente sobre sua carreira, o jornalista Laurentino Gomes chegou a dois planos: presidir a editora em que trabalhava ou escrever um livro sobre D. João VI. A decisão mudou sua trajetória

Laurentino Gomes
Escritor
Comunicação
Turma 35 do MBA Executivo Internacional

Jornalista com mais de 40 anos de profissão, Laurentino Gomes ficou conhecido em todo o Brasil por causa de seu best-seller *1808: Como uma rainha louca, um príncipe medroso e uma corte corrupta enganaram Napoleão e mudaram a História de Portugal e do Brasil* (Globo Livros), que conta a história da chegada da corte portuguesa ao Brasil e já possui edições em diversas línguas, como inglês, espanhol e mandarim. Lançado em 2007, o livro marcou o início da carreira de escritor de Laurentino — vocação que segue até hoje. Mas, para chegar até aqui, sua trajetória deu algumas voltas.

Paranaense, Laurentino começou no jornalismo como repórter no Correio de Notícias do Paraná. Em sua terra natal, também passou pelo Diário do Paraná e, depois, foi para a Agência Estado, do jornal O Estado de S. Paulo, de onde seguiu para a Editora Abril como repórter da revista Veja — e, nessa carreira, presenciou momentos importantes da história do país. "Eu morei em todas as regiões do Brasil trabalhando pela Veja como repórter e chefe de sucursal. Comecei em Curitiba, fui para Belém, Recife, Brasília", diz. Na capital federal, cobriu um acontecimento importantíssimo para nossa democracia. "Eu era chefe da sucursal da Veja quando Ulysses Guimarães ergueu a constituição cidadã", lembra.

Ele divide a sua carreira no jornalismo em duas fases: a de repórter e a de executivo. A primeira era focada no coração do jornalismo: a reportagem. "Eu relatava o que eu vivia. E vivi muitas coisas. Visitei o Chico Mendes, conheci Serra Pelada e Carajás quando começou a produção de ferro. Foi uma época de um mergulho muito forte no Brasil", conta. Mas, quando se tornou editor, primeiramente no Estado de S. Paulo e depois na Editora Abril, quis ter uma visão mais completa da parte administrativa do negócio em que atuava. "Eu conhecia uma parte fundamental, absolutamente vital para as empresas de comunicação, que é a edição, a reportagem, o jornalismo. Sem conteúdo, uma empresa de comunicação não tem razão de ser, não tem alma", diz. "Mas existem outras vertentes na área de comunicação que são fundamentais: a operação — como imprimir e distribuir —, as assinaturas, as vendas em bancas, a publicidade — que é uma coisa muito complexa", conta.

Grande desafio

Nessa época, no início dos anos 2000, o mercado do jornalismo enfrentava um desafio que só se fortaleceu nos últimos tempos: o do formato. Laurentino explica que, tradicionalmente, tínhamos quatro — jornal, revista, rádio e televisão —, para os quais jornalistas e publicitários precisavam adaptar seus conteúdos. "Isso começou a mudar de forma dramática com o advento da internet, quando passou-se a ter uma fragmentação do conteúdo, da publicidade e do modo como o conteúdo era empacotado", diz. "Poucas profissões no mundo foram tão afetadas pelas novas comunicações como o jornalismo. E isso estava impactando meu sonho de ser jornalista: não bastava mais ir para a rua só com o caderninho na mão — é importante, mas eu precisava pensar em como tornar isso sustentável do ponto de vista da circulação, do consumidor", explica. Laurentino estava, na época, com algumas dúvidas na cabeça: será que ainda faz sentido produzir revistas em papel, do ponto de vista da sustentabilidade e da agilidade? Faz sentido continuar a fazer isso em uma época em que a comunicação instantânea está crescendo? "Olha o desafio. Eu percebi que precisava entender mais os enormes desafios estratégicos que estavam na nossa porta", diz.

Em sua experiência na Editora Abril, Laurentino foi o editor que criou a Veja Online, a primeira operação digital da revista. Nessa época, fez um curso interno da Abril, voltado para gestão. "Tinha uma coisa muito rígida na Abril de o editorial não se relacionar com a publicidade, até para não ter conflitos éticos. Mas a Abril percebeu que era interessante que profissionais de diferentes áreas conversassem, procurassem se entender, discutissem temas como: como vender publicidade? Por que é importante manter a credibilidade do veículo de comunicação e não 'vender' uma matéria? Como manter a boa-fé do leitor? Isso foi uma experiência muito boa. Então, eu saí da Veja e fui para a área corporativa", conta.

Laurentino deixou o dia a dia das notícias mais quentes de política, economia, internacional e passou a ser responsável por um núcleo de revistas de outros temas, como femininas (Claudia, Elle, Nova, Manequim e Capricho), infantis (Recreio e revistas licenciadas da Disney), masculinas (Playboy, VIP), automobilística e de viagens (Quatro Rodas e Viagem de Turismo). "Isso para mim foi uma iluminação, percebi que jornalismo não era só cobertura do congresso nacional, do Banco Central, do Palácio do Planalto, mas que o bom jornalismo inclui, por exemplo, mostrar para uma jovem leitora da Capricho quais são as tendências do mundo. É ajudar o leitor e a leitora a se movimentar e a sobreviver nesse mundo mais complexo, mais difícil de lidar — o mundo em constante mutação. Isso vale para tudo: da moda ao investimento, do casamento ao voto. Tudo isso é parte do jornalismo, especialmente do de revista, que sempre foi de segmentação", explica.

Nessa transição para uma carreira mais executiva, Laurentino foi parar nas salas de aula do MBA da FIA. No curso, conviveu com pessoas de diferentes áreas, como agronegócio, saúde, finanças e indústria farmacêutica, com as quais cultivou amizade. "Eu passei a ter uma visão mais ampla do mundo em que vivia. E aconteceu uma coisa curiosa: eu tinha ido fazer o MBA para me tornar um melhor gestor da empresa em que trabalhava, mas o MBA me ajudou na minha carreira de escritor."

Plano A ou plano B?

Paralelamente ao MBA, Laurentino resolveu fazer um processo de *coaching*. Durante as discussões, o jornalista foi estimulado a traçar dois caminhos para sua carreira. O plano A era ser presidente da Editora Abril. "Coloquei como projeção porque seria interessante ter um jornalista na presidência da empresa." Mas o *coach* disse a Laurentino que, embora ele pudesse aprender a ser um bom gestor, a sua alma, a sua essência era de jornalista — e que ele não deveria perder sua veia artística e sua criatividade. O profissional perguntou o que, de criativo, Laurentino sabia fazer melhor. "Não sei tocar piano, não sou ator, mas sei escrever e nisso sou bom. E também sou um bom leitor", ele respondeu. Analisando essa vertente, Laurentino chegou à conclusão de que gostava muito de ler sobre a história do Brasil, o que ele tinha começado a fazer com mais afinco por conta de um projeto de 1997 na revista Veja. Na época, a publicação pensou em fazer uma série de edições especiais sobre o assunto, com objetivo de atrair assinantes. "Um dos especiais era sobre a fuga de D. João VI para o Rio de Janeiro. Eu estava fascinado com a história desse príncipe regente gordo, medroso, vindo com 15 mil pessoas para o Brasil", recorda. Então, ele tinha dois planos: o "A" seria presidir a Editora Abril; o "B", escrever um livro sobre D. João VI — e o plano B venceu.

A partir de 2004, a permanência de Laurentino na Abril estava ficando difícil. “Houve um tsunami das transformações da era da informação. Isso foi tão veloz que o Grupo Abril e seus executivos não conseguiram controlar. Houve decisões erradas, dificuldade nos processos sucessórios, e o Grupo afundou”, explica. “Depois que me formei no MBA, me encontrei em uma posição horrível: em vez de ajudar a empresa a crescer, de promover pessoas, eu tinha que cortar custos e mandar pessoas embora. Eram 23 revistas sob minha responsabilidade, e só cortava custos, foi algo bem dramático.” Nesse período (que durou de 2004 a 2007), os aprendizados da FIA ajudaram bastante. “Antes do MBA seria só o drama humano, mas sob o olhar de negócios não tinha alternativa. Só que não tem nada mais dramático na vida do que comandar um barco que está afundando”, explica.

Ao mesmo tempo em que vivia esse desafio complexo, Laurentino tirava seu plano B do papel e escrevia o livro sobre D. João VI, o *1808*. “Fiz o livro usando os recursos que eu tinha acumulado até então como jornalista: pesquisar a fundo, entrevistar pessoas, ter discernimento, escrever de forma a atrair os leitores.” Em 2007, Laurentino lançou o livro, ainda como executivo na Abril. Mas sete meses depois, viu que a sua trajetória não o levava para a presidência da Editora, mas para a escrita. “O livro começou a vender de uma forma que eu não imaginava, nem pensava que ia virar um best-seller. Então eu me demiti e virei escritor”, diz.

E o MBA foi muito importante para essa guinada. Muito do que Laurentino aprendeu no curso, aplicou em sua carreira empreendedora. “As ideias de finanças, marketing, visão estratégica, posicionamento de produtos, técnicas de negociação, contratos... Tudo isso eu apliquei em minha nova carreira e foi absolutamente fundamental”, diz. Com base em seu aprendizado na FIA, ele tomou atitudes que não são comuns em escritores convencionais. Um exemplo foi seu envolvimento com as vendas. Laurentino monitorava os pontos de venda e analisava a prestação de contas de sua editora, para ver onde havia oportunidades. “Não vou dizer que foi tudo, mas foi importante. O conteúdo era bem-feito, com uma boa capa e uma chamada atrativa. Se não tiver substância, não vende. Mas ter uma visão de conjunto ajudou o meu lado de bom escritor”, explica. Depois de mais de 15 anos como escritor, Laurentino tem uma carreira consolidada: é autor de sete livros sobre questões históricas do Brasil, já vendeu mais de 3,5 milhões de exemplares de suas obras e ganhou oito Prêmios Jabutis, um dos mais importantes da literatura brasileira. Ainda bem que, em sua encruzilhada de carreira, ele escolheu o plano B.

Visão de futuro

Um olhar sobre o que está por vir para negócios e pessoas

Laurentino tem um olhar que acalma aqueles preocupados com o desenvolvimento aceleradíssimo das novas tecnologias: "O principal não são as ferramentas, mas o conteúdo — aquilo que você sabe fazer". Para o escritor, as tecnologias sempre estiveram em movimento, vide a mudança da caneta tinteiro para a máquina de escrever, e não é nisso que devemos manter o foco. "Eu acredito que cada um de nós vem ao mundo com um propósito específico, um talento, uma coisa que só você tem. E cada um precisa tentar descobrir qual é a sua vocação", explica. Essa reflexão pessoal se torna ainda mais relevante nessa época em que dominar ferramentas não vai ajudar ninguém a se destacar. "Nós, humanos, não somos todos iguais que nem iogurte. Precisamos ter o que chamamos de intuição e pensar: o que me faz estar vivo? O que me diferencia de outras pessoas?", provoca. "Se sua vocação é ser professor, seja o melhor possível. Se for empreender, seja um bom gestor. Vai fundo. Em vez de nos angustiarmos com as mudanças tecnológicas, devemos vê-las como oportunidades. Nunca foi tão possível realizar os sonhos quanto hoje."

> ***Poucas profissões no mundo foram tão afetadas pelas novas comunicações como o jornalismo.***
>
> ***Eu acredito que cada um de nós vem ao mundo com um propósito específico, um talento, uma coisa que só você tem.***

Pé no Acelerador

Sonhando grande, Leonardo Santos conquistou seu objetivo que é para poucos: ver a sua empresa brasileira de tecnologia ser listada na bolsa de valores americana

Leonardo Santos
CEO da Sematix
Tecnologia
Turma 41 do MBA Executivo Internacional

Aceleração é uma palavra que pode definir bem a vida e a carreira de Leonardo Santos. Paulistano da Zona Norte da cidade, ele começou a trabalhar muito cedo — não exatamente por necessidade, mas porque queria fazer algo útil. "Quando eu tinha oito anos, meus pais se separaram, e eu vi uma vida nova e completamente diferente. Minha mãe precisava trabalhar muito para me manter no Salesiano, uma escola tradicional de padres que era cara para nós. Então, tive que me desenvolver rápido", conta. Por isso, quando tinha por volta de 12 ou 13 anos, começou a fazer alguns bicos: trabalhou dando banhos em cachorros em um pet shop do bairro e entregando pizza. "Foi por uma questão de experiência e de usar o tempo disponível para não ficar parado dentro de casa."

Mas, aos 14 anos, sua vida mudou quando seu pai deu a ele dois presentes: um computador e um curso de informática no Senac. "Eu me descobri ali". A descoberta foi tão profunda que Leonardo se tornou monitor de sala de aula e, logo depois, responsável por cuidar do *data center* da instituição de ensino — tudo com menos de 18 anos. Curioso, ele gostava de descobrir novas tecnologias, aptidão que o levou a ser beta-tester da Microsoft, avaliando as funcionalidades que a multinacional lançava. A companhia oferece certificação para se tornar um "testador", e Leonardo conquistou uma — o que impressionou a empresa. "Era difícil conseguir isso, e, como eu era muito jovem, chamei a atenção", lembra. Então, com cerca de 18 anos, ele se tornou funcionário da Microsoft. Mas, depois de um tempo na empresa, começou a se perguntar por que estava trabalhando em uma companhia americana e se o melhor caminho não seria abrir uma empresa de tecnologia brasileira.

Com isso na cabeça, ele conheceu a Endeavor Brasil, organização que auxilia empreendedores, e foi ficando cada vez mais certo de que seu caminho não era ser funcionário, mas ter o próprio negócio. Como ele tinha menos de 21 anos, idade mínima no Brasil para abrir empresas na época, precisou conversar com sua mãe: ela teria que permitir que ele empreendesse. "De uma vez só, pedi para ela me emancipar e me emprestar 15 mil reais, que era o que eu precisava para iniciar a empresa", conta. "Primeiro, ela disse que eu estava louco, que não tinha nada que largar um emprego para abrir um negócio." Mesmo assim, Leonardo a convenceu e iniciou, em 2003, a sua trajetória empreendedora.

Empreendedorismo no sangue

Empreender sempre esteve no DNA de Leonardo — até em seus anos de Senac e Microsoft. "Dentro da Microsoft, eu estava ajudando a desenvolver e evangelizar novas tecnologias, era uma forma de empreendedorismo", explica. Mas nada como abrir a própria empresa — e com o sonho de transformar o Brasil em uma referência na área. Assim, ele lançou a Vantix, companhia voltada para segurança digital, que liderou durante seis anos. "Em 2009, eu vendi a minha parte na empresa e fui para o Vale do Silício para ver como companhias *data driven* funcionavam", conta. Seu interesse em dados — que, cerca de 15 anos atrás, ainda não tinham tanto apelo nas organizações e no mundo como têm hoje — o levou a compreender que uma empresa focada nesse tema poderia ser o caminho para seu sonho de ter uma empresa brasileira de tecnologia que brigasse com as grandes do mercado. De volta ao Brasil, Leonardo começou a montar sua atual companhia, a Semantix, ao mesmo tempo em que trabalhava como diretor de tecnologia da marca de roupas Billabong.

Nesse contexto, dividido entre duas ocupações, descobriu o MBA Executivo Internacional do Profuturo/FIA, no qual era um dos mais jovens da sua turma. "Na entrevista de admissão, o professor James Wright me perguntou por que eu queria fazer aquele MBA, que era para pessoas com mais ou menos 40, 50 anos. E eu disse que gostaria de aprender com os outros, pegar experiências de pessoas mais velhas, porque eu nunca pude ter isso com os meus pais", explica.

Sua vida dupla — meio empreendedor, meio funcionário — continuou até 2014, quando ele resolveu se dedicar totalmente à Semantix, deixando para trás seu cargo como CTO [*Chief Technology Officer*] para a América Latina na Billabong. Sua decisão foi embasada na percepção de que sua empresa estava pronta para crescer e chamando a atenção de atores importantes do mercado. Se, nos primeiros anos, era difícil para a Semantix vender suas soluções de *big data* e *analytics* — principalmente porque os clientes ainda não enxergavam valor ou necessidade nesse tipo de solução —, a partir de 2014 a companhia começou a decolar. "Em 2014, nós nos tornamos a maior empresa de *big data* da América Latina. Em 2016, recebemos investimento do Bradesco. E, em 2017, recebemos um *private equity* grande", conta o empreendedor. Com o investimento robusto, a companhia começou, em 2018, a adquirir outras empresas em diferentes setores, como mercado imobiliário, saúde e integração de dados.

O Brasil na Nasdaq

Um dos grandes objetivos de Leonardo era conseguir abrir o IPO de sua empresa e levar sócios e equipe para bater o sino da bolsa de valores americana, a Nasdaq. O sonho se tornou realidade em agosto de 2022, quando, após um processo de aprendizado profundo, realizou a fusão com a Alpha, uma Companhia com Propósito Especial de Aquisição (SPAC) — que são empresas especializadas em adquirir negócios para abrir capital. Para conquistar esse feito, a Semantix precisou se destacar entre mais de 20 mil companhias latino-americanas que a Alpha analisou antes de fechar o negócio. "Sempre tive o sonho de listar a companhia, e conseguimos isso. Em 2022, fomos a única empresa brasileira a acessar o mercado de capitais dos Estados Unidos", comemora. Fazer isso não foi simples, afinal, o mercado americano tem diversas regulações, e é preciso pensar estrategicamente o tempo todo. "Foi a coisa mais difícil que eu vivi até hoje. O MBA me ajudou a preparar a companhia para esse estágio. Muito do que aprendi eu aplico, se não tivesse aplicado não estaríamos aqui."

Com uma avaliação de mercado de US$ 1 bilhão, a Semantix está em um novo patamar, e os desafios de Leonardo, que agora vive nos Estados Unidos, são complexos. "Tenho que preparar novas lideranças para novas regiões e colocar tecnologia brasileira no mercado americano, algo que não é trivial. Temos analistas que acompanham a empresa e precisamos entregar mais do que prometemos", explica. Além disso, Leonardo também tem o dever de estimular a inovação constante dentro da companhia. "Montamos um laboratório no MIT onde só há empresas bilionárias. Estamos lá porque temos DNA inovador e estamos inovando em inteligência artificial, *quantum computing*, tecnologia generativa."

Com tantos desafios à frente, Leonardo se mantém motivado porque seu sonho de construir tecnologias brasileiras globais é muito grande. "É o meu propósito. Busco sempre o pioneirismo para transformar a mentalidade e não me apegar ao passado: não é porque deu certo antes que vai funcionar agora."

Visão de futuro

Um olhar sobre o que está por vir para negócios e pessoas

A tendência que Leonardo enxerga para o futuro pode ser sentida por cada um de nós todos os dias: não tem como o mundo ficar menos complexo nos próximos anos. Vimos uma pandemia global, as dificuldades da globalização e uma guerra estourar na Europa em pleno século 21. Com tudo isso em jogo, o que podemos fazer para nos preparar para o que ainda vem pela frente? Para Leonardo, a resposta passa pelas competências comportamentais. "Com essa complexidade do mundo, não adianta ter a *hard skill* se você não sabe como conduzir os desafios", diz. O desenvolvimento da inteligência artificial vem para colocar mais um elemento imprevisível nessa equação. "Temos que nos preparar para coisas inimagináveis hoje, como grandes ciberataques e a complexidade de lidar com uma enormidade de dados. A biotecnologia também vem aí para mudar a maneira como comemos, lidamos com a saúde, como encaramos a vida."

> ***Sempre tive o sonho de listar a companhia, e conseguimos isso.***
>
> ***Busco o pioneirismo para transformar a mentalidade e não me apegar ao passado: não é porque deu certo antes que vai funcionar agora.***

Diversidade de Atuações

Sócia da empresa da família, onde está há 35 anos, Marcia Alcazar se desafia diariamente ao precisar lidar com clientes de segmentos distintos

Marcia Alcazar
Sócia na Seteco Serviços Técnicos Contábeis
Contabilidade
Turma 28 do MBA Executivo Internacional

Quando era criança, Marcia Alcazar costumava passar as tardes no escritório de contabilidade dos pais fazendo a lição de casa. Essa relação próxima com o negócio da família fez com que ela, desde cedo, se interessasse pelo trabalho. Não à toa, assim que concluiu o ensino fundamental, escolheu fazer um colegial técnico com foco em contabilidade — na época, os alunos podiam optar por seguir o ensino "normal" ou se aprofundar em uma área. A partir daí, começou a trabalhar com os pais. "Eu queria essa experiência, embora não soubesse direito como seria a jornada. Eu, que sou de uma geração analógica, tinha feito, com 15 anos, um curso de datilografia e ajudado a datilografar muitos papéis de declaração de imposto de renda. Assim foi meu início, na raça, uma escolha minha numa história de família", lembra.

O pai de Marcia teve uma ideia interessante para integrar os filhos ao negócio: propôs um *job rotation* em diversas áreas para que todos conhecessem bem o negócio. Por isso, ela rodou por diversos departamentos para entender todas as pontas da empresa. "Consegui me desenvolver de forma integrada. Um jovem hoje não ia topar ficar quatro anos se desenvolvendo, mas, na minha geração, era mais aceitável e possível", diz. Assim, ela passou por áreas como trabalhista, recursos humanos, administrativo, societário, comercial e tecnologia — onde a empresa sempre se destacou. "Em 1989, nós já tínhamos computadores e equipe de desenvolvimento de sistemas, o que era ousado na época.

Fomos até convidados pelo programa Pequenas Empresas Grandes Negócios, da Globo, para mostrar como era ser um escritório sem papel", lembra. "Desenvolvi sistemas, trabalhei com essa 'TI-raiz' e passei pela migração do Brasil para a microinformática, para o cenário de computadores pessoais."

Ao longo de 35 anos trabalhando na companhia, Marcia chegou à posição de sócia e se orgulha da empresa que a família construiu. "Somos um *hub* de soluções para negócios de micro e pequeno porte. Temos muita tecnologia no processo, mas sempre mantemos nosso espírito de liderança humanizada, de manter as relações pessoais."

Mudança de patamar

Marcia teve um grande desafio quando chegou a hora de ir para a alta direção, deixando a gerência operacional para se tornar uma sócia estratégica. "Meu pai desenvolveu um processo de sucessão, e começamos a discutir isso. Nesse momento, precisava buscar uma qualificação para ampliar os horizontes, com foco mais em gestão, liderança, marketing. Era importante que eu me desenvolvesse como alta liderança, até para profissionalizar a empresa", explica.

Foi assim que encontrou o MBA Executivo Internacional da FIA e se interessou — embora sentisse que, talvez, não tivesse o perfil exato para o curso. "Eu estava insegura porque meu histórico é de empreendedora de empresa brasileira em um negócio pequeno de família. O processo do MBA da FIA era rigoroso, tinha prova de português, inglês e lógica, além de entrevistas com os coordenadores", conta. Sua conversa seria com o professor James Wright, fundador do MBA Executivo Internacional do Profuturo/FIA. "Lembro que ele começava em português e, depois, mudava para inglês sem avisar. E ele trouxe uma visão de que eu tinha o perfil porque traria um contraponto de como era empreender no Brasil, poderia trazer uma história diferente."

Para ela, o curso foi um divisor de águas por proporcionar oportunidades de aprendizado acadêmico e *insights* de mercado. "Quando ressignificamos as teorias para o cotidiano, vemos que é possível aplicar no dia a dia", explica. Além disso, a chance de fazer viagens internacionais para ampliar o conhecimento — algo que ela faz até hoje com um grupo de profissionais do setor contábil — foi muito importante para que a empreendedora desenvolvesse sua visão sobre os negócios. "Participei com o professor James em todas as imersões, fomos para a Europa visitar Cambridge e Lion, Estados Unidos, onde fomos até a Vanderbilt, e para a China, numa época em que o país ainda era um grande mistério e já muito inovador. Tudo isso trouxe uma vivência muito transformadora."

Sem monotonia

Com mais de três décadas de casa, Marcia não fica entediada na empresa de 150 funcionários. Isso porque, além da organização ser bem estruturada, a companhia é responsável por cerca de 8.000 vidas, processa 200.000 documentos fiscais por mês e cuida de mais de 600 CNPJs. Esses índices demonstram algo que a empreendedora considera essencial para que a sua paixão pelo trabalho esteja sempre em alta: a diversificação de atuações. "Gosto de lidar com segmentos diferentes. Quando você se propõe a atender um cliente, precisa entender do mercado da pessoa que procura a sua ajuda. Aqui, eu lido com terceiro setor, indústria de máquinas e equipamentos, startups, clínica médica familiar. Isso dá uma dinâmica no dia a dia que não torna a rotina homogênea, temos sempre a possibilidade de diversificação", diz. "O que me mantém tanto tempo na empresa familiar é essa pluralidade de missões que eu tenho — e para as quais o MBA me ajudou, me dando a chance de ser uma poliglota em diferentes ambientes de negócio."

Além disso, estar na direção do negócio da família também dá a Marcia flexibilidade para ter outras atuações. Uma que foi bastante importante para seu desenvolvimento profissional — e pessoal — foi fazer parte do Conselho Regional de Contabilidade do Estado de São Paulo (CRCSP), instituição que regulamenta, fiscaliza e educa o setor no Estado de São Paulo, da qual foi eleita presidente entre 2018 e 2019. "Foi um marco enorme para a minha carreira. Eu não tinha planejado e aconteceu: fui a primeira mulher eleita a presidir o maior conselho contábil do país. Foi uma grande experiência", diz.

Embora a classe de contadores, no geral, tenha quase uma divisão 50%-50% entre homens e mulheres, a liderança do setor ainda é bastante masculinizada — e Marcia enxerga que há possibilidades para mudar esse cenário. Já existem algumas conquistas, como o fato de poder haver flexão para o gênero feminino no registro da categoria, algo que não era permitido até 2019. "Nas faculdades, a preponderância é de mulheres. Mas, no topo, ainda oscila muito. Hoje, no Conselho Regional de Contabilidade de São Paulo, só há uma mulher na gestão. Ainda temos uma cultura masculina de o mundo social ser a extensão dos negócios, e as mulheres têm resistência a isso, a essa cultura patriarcal. Priorizamos outras questões no nosso tempo livre. Mas o mundo está em transformação."

Visão de futuro

Um olhar sobre o que está por vir para negócios e pessoas

Prever o futuro sempre foi uma tarefa difícil. Mas, para Marcia, isso ficou ainda mais complexo, porque a incerteza se tornou o padrão. "A gente fala muito desse mundo ambivalente, vulnerável, não previsível. E é verdade. Você pode ter palpites, tendências, mas o concreto mesmo é o momento presente", diz.

A pandemia aprofundou essa percepção de que não podemos controlar o que está por vir, que temos que trabalhar com o cenário que está à nossa frente agora e lidar com todas as rápidas transformações que acontecem. "A força de trabalho mudou completamente, e esse ambiente híbrido deve se transformar ainda mais. A tecnologia veio para facilitar a conexão das pessoas, mas sem limitar o relacionamento interpessoal", explica. Para ela, é importante resgatar, sempre, um olhar mais amplo de aproximação entre pessoas e incentivar a cultura empreendedora. "Senão a gente corre o risco de criar micro pensamentos, microcélulas, pessoas muito distantes umas das outras."

Marcia acredita, também, que a tendência para uma economia colaborativa, em que cada profissional precisará ser mais "dono" da própria carreira, terá impactos sobre as lideranças e sobre as empresas. "Precisaremos de uma liderança cada vez mais servidora e participativa. Até de líderes focados em saúde mental e em práticas de RH que visem de uma forma maior o desenvolvimento humano nas organizações, e não só as entregas das pessoas." Isso é essencial, na visão da empreendedora, para atrair e manter as gerações mais jovens, que enxergam no trabalho algo mais do que um bom salário. "Os jovens estão mais ligados em propósito e se conectam com outros valores que vão além, até, de uma marca conhecida globalmente. Se sua empresa polui, por exemplo, o jovem não vai querer entrar."

> ***O que me mantém tanto tempo na empresa familiar é a pluralidade de missões que eu tenho no dia a dia — e para as quais o MBA me ajudou, me dando a chance de ser uma poliglota em diferentes ambientes de negócio.***
>
> ***Precisaremos de uma liderança cada vez mais servidora e participativa.***

Empatia para Liderar

Primeiro brasileiro a fazer parte do quadro de diretoria global da Volvo, Marcio Pedroso acredita que os líderes precisam ter um olhar apurado para as pessoas e para as questões geopolíticas

Marcio Pedroso
Presidente e CEO da Volvo Financial Services
Setor financeiro
Turma 25 do MBA Executivo Internacional

Formado em ciências da computação, Marcio Pedroso nunca exerceu a profissão de seu diploma. Natural do Rio Grande do Sul e formado pela Pontifícia Universidade Católica de Curitiba, sua trajetória de carreira sempre esteve ligada às áreas de seguros e finanças. Antes de entrar na Volvo, onde está desde 2001, teve passagens pela BRF e empreendeu no ramo de seguros — experiência que o levou a receber uma proposta para trabalhar na multinacional sueca como gerente de Financial Services, braço financeiro da companhia que conta com banco, consórcio e seguros voltados a clientes da marca. "Até então eu não tinha trabalhado em uma empresa multinacional", diz Marcio.

Cerca de um ano e meio depois de sua entrada na companhia, ele foi promovido a chefe de operações do escritório no Brasil, posição em que ficou por cinco anos. Nessa época, o executivo, que estava com 37 anos, percebeu que precisava continuar aprendendo — embora já tivesse feito pós-graduações em Administração e Marketing, ele sentia que era necessário se preparar ainda mais para a carreira que vislumbrava. Assim, se juntou à turma 25 do MBA Executivo Internacional da FIA. "Como eu queria ter uma perspectiva mais global do mercado, o curso era o mais adequado. Até hoje tenho contato com a turma pelo WhatsApp", conta.

A perspectiva por uma carreira internacional logo se concretizou: dois anos após se formar no MBA, Marcio foi chamado para presidir a operação mexicana da Volvo Financial Services. Foram três anos no país e, durante essa jornada, o executivo encarou um grande desafio: lidar com a crise financeira de 2008, causada pela quebra do banco Lehman Brothers, nos Estados Unidos. "Minha primeira atribuição por lá foi muito desafiadora, mas ter uma perspectiva global me ajudou a enfrentar o momento."

Depois de sua experiência no México, chegou a hora de Marcio se mudar para os Estados Unidos e assumir a liderança dos mercados emergentes latino-americanos. Mas ele acabou ficando na posição por apenas um ano. "O presidente da Volvo Financial Services no Brasil se aposentou, e eu fui convidado a voltar ao país para assumir o cargo", explica. E, quatro anos depois, em 2015, a situação se repetiu. Mas, dessa vez, Marcio foi chamado para suceder o presidente da Volvo Financial Services nas Américas, que também tinha se aposentado. Sua atuação no cargo durou até março de 2020, quando chegou ao topo: tornou-se presidente do braço financeiro da multinacional, atuando nos Estados Unidos. "Sou o primeiro brasileiro a fazer parte da diretoria global da Volvo. É uma trajetória que, alguns anos atrás, eu nunca achei que alcançaria", conta. "São 22 anos de Volvo em diversas posições, mas parece que foi ontem, porque foram muitas mudanças. Tem sido muito gratificante, sempre com muito aprendizado."

Desafios inesperados

Marcio assumiu o cargo de presidência no dia 17 de março de 2020, seis dias depois de a Organização Mundial da Saúde ter declarado que a crise da covid-19 havia se tornado uma pandemia global. "Saí de uma responsabilidade regional para uma mundial em um momento de incerteza. Algumas semanas depois de eu ter assumido, precisei apresentar projeções para o *board* e também um plano de gerenciamento de crise", explica Marcio. "Foi desafiador do ponto de vista profissional, e do pessoal também. Muitos colegas estavam passando por situações difíceis, lidando com incertezas, perdendo pessoas." A pandemia foi algo pelo qual Marcio realmente não esperava passar. Ele lembra que, em sua entrevista para o cargo com um dos diretores do conselho, que aconteceu em janeiro de 2020, eles falaram sobre a situação da China, mas ainda com um ponto de vista de que a situação não era tão grave quanto viria a se tornar. "Conversamos sobre a China, a crise anterior das SARS, mas ainda não tínhamos essa visão", conta.

Quando a pandemia estourou, a companhia pisou um pouco no freio porque a incerteza era muito grande, mas manteve a atenção totalmente voltada para a saúde e a segurança das pessoas. "A primeira coisa era ter certeza de que tudo estava seguro. Apoiamos as pessoas e os negócios, protegendo o caixa da organização e os nossos clientes. Até porque a área de transporte foi crucial na pandemia, transportando alimentos e remédios, por exemplo."

Outro desafio externo com o qual o executivo precisa lidar é a Guerra da Ucrânia e a situação na Rússia. “Não passei pelo que meus colegas de lá passaram, mas tem que gerenciar essa crise com foco nas pessoas, é algo delicado. Claro que a crise financeira de 2008 foi grande, mas a pandemia e a guerra têm um impacto maior nas pessoas, porque muitos perderam entes queridos, passam por sofrimento pessoal. A saúde mental é algo desafiador nesse momento. Essas foram coisas que eu realmente não esperava passar”, explica.

Mesmo com essas crises complexas e desafiadoras, o que não mudou na atuação da Volvo, segundo Marcio, é a atenção constante com o humano — algo que está no DNA da empresa. “Como líderes, devemos ficar atentos às pessoas não só no ambiente profissional, mas também em como elas estão em seus ecossistemas como um todo. Qualquer um pode estar passando por algum problema fora do trabalho que acaba impactando a saúde mental e a atuação profissional”, explica o executivo. “O papel do líder é, mantendo a privacidade de cada um, estar pronto para dar apoio em momentos difíceis. As crises recentes nos ensinaram isso”. Uma ótima lição que pode ser aplicada em todos os momentos — na crise e na bonança.

Visão de futuro

Um olhar sobre o que está por vir para negócios e pessoas

Se existe algo que os últimos anos ensinaram é que não dá para ficar imune ao que acontece globalmente — e Marcio acredita bastante nisso. "Precisamos estar sempre atentos às situações geopolíticas, avaliar como elas podem afetar o negócio e nos preparar para gerenciá-las", explica. "Houve uma tendência de nacionalização de países, mas as crises mostram que é preciso ter um balanço, que não é possível nacionalizar tudo e que precisamos sempre avaliar o impacto global não apenas no seu negócio, mas em toda a cadeia", diz.

Para Marcio, esse impacto também precisa ser avaliado do ponto de vista do futuro, considerando quais são as ações que devem ser tomadas hoje para construir um futuro melhor. E isso está atrelado não apenas à criação de metas — como a da Volvo de tornar seus produtos neutros em emissões de carbono até 2040 —, mas em criar parcerias para que as ações sejam executadas. "Temos que atuar em conjunto, seja com concorrentes, fornecedores, governo e sociedade, porque ninguém conseguirá ter sucesso nas questões ESG sozinho. Líderes precisam estar à frente de novas formas de fazer negócios para construir uma sociedade melhor."

"O papel do líder é, mantendo a privacidade de cada um, estar pronto para dar apoio em momentos difíceis. As crises recentes nos ensinaram isso.

Líderes precisam estar à frente de novas formas de fazer negócios para construir uma sociedade melhor."

Eterno Aprendiz

Líder com uma carreira global, Nivaldo Frutuoso encontra nos livros, cursos e nas pessoas que o rodeiam — especialmente em sua família — a base para construir o seu futuro

Nivaldo Frutuoso
CEO na Arabela Oficial
Bens de consumo
Turma 34 do MBA Executivo Internacional

Um engenheiro que adora pessoas. Assim podemos definir Nivaldo Frutuoso, atual CEO da Arabela Oficial, empresa mexicana especializada em venda direta de cosméticos. Formado em engenharia mecânica pela FEI, a primeira fase da carreira de Nivaldo foi ligada à sua graduação: atuou na área de engenharia da Avon. "Entrei como *trainee* e fiquei na parte de engenharia, lidando com máquinas, equipamentos e processos, trabalhando em vários turnos — até no da madrugada", lembra. O convívio com as máquinas foi mais intenso até ele ter a oportunidade de se tornar coordenador de célula de produção, quando foi desafiado a liderar cerca de 200 pessoas. "Aí eu descobri que gostava tanto da parte de números e máquinas quanto de gente", diz.

Com essa nova percepção, Nivaldo começou a pensar como poderia mudar a sua trajetória para lidar mais com o fator humano no dia a dia. "O senso comum me fez imaginar que a área de vendas seria aquela que me daria mais contato com as pessoas, e consegui migrar da área de produção para a gerência comercial", conta. Mas o processo não foi tão simples assim. "As estruturas na época eram mais rígidas do que são hoje. Quando me candidatei a uma vaga em vendas, o RH me desautorizou 100%, disse que eu não podia nem participar do processo seletivo porque não tinha conhecimento." Mas Nivaldo não desistiu: conversou com os diretores de vendas, e eles deixaram que ele concorresse à vaga. "Estava convencido de que era o meu caminho, então, fui aprovado e comecei."

Com a nova função, Nivaldo viajou por todo o Brasil e foi crescendo como gerente de vendas até se tornar diretor regional. "Fui um dos mais jovens na época, tinha uns 30 anos", lembra. Nesse período, a chefe de Nivaldo não tinha muito tempo para trabalhar o desenvolvimento de seus liderados e, para auxiliar nessa questão, contratou um *coach* executivo, que era tutor na FIA, para sua equipe. "Começamos a trabalhar um plano de carreira, pensando no futuro. Em determinado momento, ele me falou que eu precisava de dois planos. Meu primeiro plano era me tornar presidente — já que era para sonhar alto, eu sonhei. E o segundo era ter uma atuação internacional", explica.

Planejamento levado a sério

O plano contemplava os próximos cinco anos de carreira de Nivaldo, e, para alcançá-lo, o *coach* sugeriu que seria interessante fazer um MBA. "Como fiquei muito tempo em campo focado na operação, era importante desenvolver a parte acadêmica novamente." Assim Nivaldo se tornou aluno da FIA no MBA Executivo Internacional. "Daí para frente a minha carreira explodiu. Quando terminei o curso, recebi a oportunidade de trabalhar na Avon no México, onde fiquei dois anos como diretor, e, depois, fui para a posição de *head* de vendas no Caribe", conta.

Naquele momento, ele passava por um processo de aceleração de carreira na companhia, mas uma nova oportunidade surgiu: atuar como diretor geral na Belcorp, que, assim como a Avon, atua no ramo de vendas diretas de produtos de beleza. Nivaldo aceitou o convite e encerrou sua trajetória de quase 18 anos na empresa em que começou a trabalhar. "A partir daí, minha carreira se tornou 100% internacional." Na Belcorp, o executivo atuou por quase sete anos, morando no Caribe, Brasil e México.

Mas Nivaldo sentiu que precisava repensar e traçar novos objetivos profissionais. "Era a hora de atualizar meu processo de carreira, e decidi que gostaria ou de atuar em uma estrutura mais complexa de países, ou em um novo continente. Estava com muita vontade de trabalhar na Europa ou nos Estados Unidos", conta. E assim foi. Em julho de 2019, ele aceitou a proposta para se tornar o presidente da operação portuguesa da Yves Rocher, companhia francesa da área de cosméticos. "A vida ajuda, conspira a seu favor. Mas você precisa estar aberto, escutar as pessoas e as oportunidades. No meu caso, a vida sempre me empurrou de forma positiva, porque eu pude contar com pessoas que me ajudaram a crescer", diz.

A atuação de Nivaldo na companhia durou pouco mais de um ano, mas a relação com Portugal continua até hoje: sua esposa e um de seus filhos continuam morando lá — e ele viaja periodicamente, em meses alternados, para passar um tempo com a família e trabalhar remotamente. "Minha esposa se apaixonou por Portugal e falou que minha carreira podia continuar em outro lugar, mas que ela parava ali. Ela me apoia muito, segurou a onda da educação dos meninos porque nós vivemos em sete países diferentes, com culturas diferentes. Eles podiam ter se tornado crianças complexas, mas são jovens globais", conta.

Atualmente, Nivaldo é CEO da Arabela Oficial, empresa de vendas diretas de cosméticos, mas que é sediada no México. "Eu me reporto ao conselho e ao fundo de investimentos da companhia e tenho total autonomia. Minha equipe e eu decidimos produtos, processos, novas geografias para atuação da empresa. Tudo o que foi desenhado no meu *coach* e no MBA lá atrás deu certo", afirma.

Educação como ferramenta

Nivaldo se sente desafiado todos os dias, e, nos últimos anos, os desafios foram intensos, com a Guerra da Ucrânia e a pandemia de covid-19. Além disso, por atuar na América Latina, é preciso lidar com diversas incertezas. "Há inflação, líderes de governos que mudam as condições do jogo econômico o tempo todo, violência social", pontua. O que o ajuda a encarar tudo isso é o aprendizado. Nivaldo procura sempre se desenvolver academicamente — seja com cursos, como o que fez recentemente na escola de negócios suíça IMD, seja com leituras. Os livros, aliás, o acompanham o tempo todo. E dois deles são fundamentais para sua trajetória: *A Mentalidade do Fundador* (*The Founder's Mentality*), de Chris Zook e James Allen, e *Empresas feitas para Crescer* (*Good to Great*), de Jim Collins.

Do primeiro livro, *A Mentalidade do Fundador*, Nivaldo tira uma lição importante: o dado de que de 85% a 90% dos problemas das empresas são internos e não externos. "Tomo isso como filosofia de trabalho e procuro sempre focar nas coisas que nós, como empresa, podemos controlar. Se você faz isso, sua possibilidade de sucesso é maior do que quando você se deixa levar por fatores externos. Isso sempre me ajudou a navegar e a me diferenciar da grande maioria", conta. A obra também explica quais são os quatro pontos nos quais as companhias precisam investir: missão clara, espírito de dono, obsessão com as pessoas da empresa e obsessão com a linha de frente (o que engloba os consumidores e a força de vendas). "São princípios que eu levo por onde eu passo. Se você está perto da força de vendas e de seus consumidores, pode ajustar sua proposta de produto ao que as pessoas realmente querem", diz.

Do segundo livro crucial para Nivaldo, *Empresas feitas para Crescer*, vem o ensinamento de que o mais importante para uma companhia são as pessoas — porque são elas que vão construir a estratégia certa para as empresas crescerem. "Há uma metáfora do ônibus. O importante é ter as pessoas corretas dentro do ônibus independentemente do destino, porque se elas estão preparadas, qualquer destino funciona", explica. "Acredito muito nisso. São as pessoas que fazem as empresas."

Visão de futuro

Um olhar sobre o que está por vir para negócios e pessoas

Pode parecer óbvio, mas Nivaldo acredita que muitos líderes esquecem que o futuro só se constrói quando há algum plano a ser seguido. "É preciso ter planejamento de curto, médio e longo prazos para você mesmo e para a empresa. Mas o plano só dá certo com conhecimento, com entendimento do que é o DNA da empresa e o seu como profissional", diz. Além disso, o executivo afirma que nenhum futuro é possível se não houver pessoas ao nosso lado. "A base é sempre a família, você não chega lá sozinho. Precisamos ser mais altruístas e apoiar as pessoas. Um dia, um rapaz que trabalhou comigo no México e teve uma ascensão de carreira importante me disse: 'Você fez tanto por mim, como posso retribuir? Um jantar, um presente? Me diz o que você quer'. Na hora eu tive um *insight*, falei que se eu tinha feito tanto por ele, ele devia fazer o mesmo por outra pessoa. Acredito muito que, para ter sucesso, é preciso incentivar o sucesso das outras pessoas."

"Procuro sempre focar nas coisas que nós podemos controlar. Se você faz isso, sua possibilidade de sucesso é maior do que quando você se deixa levar por fatores externos.

Para ter sucesso, é preciso incentivar o sucesso das outras pessoas."

Amor pela Complexidade

Com inquietude para encontrar respostas para as perguntas mais difíceis, Oscar Boronat construiu uma trajetória que o levou não só ao cargo mais alto da carreira executiva, mas também à sala de aula e ao empreendedorismo

Oscar Boronat
Corporate Governance & Leadership Coaching na Boronat Liderança e Governança Consultoria
Turma 2 do MBA Executivo Internacional

Se existe algo que Oscar Boronat sempre gostou de fazer ao longo de sua carreira de mais de cinco décadas é aprender. Para ele, que teve uma trajetória bem-sucedida em grandes corporações, as empresas foram escolas — e sua principal "área de estudo", digamos assim, foram as finanças. "Meu primeiro emprego foi em um banco e talvez por isso eu tenha começado nas finanças até ser CFO", diz. Tudo começou na Louis Dreyfus Company, onde ficou por aproximadamente seis anos até se tornar Corporate Treasurer. Mas grande parte de sua vida profissional aconteceu na Pilkington, companhia que fabrica vidros para os setores automotivo e da construção civil, onde ficou por quase 26 anos. Foi lá que se tornou CFO, cargo que o ajudou a ter uma visão holística dos negócios.

"Como CFO, eu tinha o privilégio de ter a imagem da floresta, de enxergar o conjunto de árvores que formam a empresa. O cargo me dava a perspectiva total, o voo de pássaro. Eu via as outras áreas e também via as características e especificidades do mercado", explica Oscar. E, como a Pilkington é uma empresa global, sua atuação como líder financeiro o ajudou também a ter a distinção do que funciona em cada país, das diferenças culturais e de negócios. E esse olhar ampliado foi fundamental para que ele assumisse o cargo de CEO — Pilkington tinha o objetivo de criar, com a liderança de Oscar, uma estrutura matricial na América do Sul, onde ele seria o líder. "Parece fácil colocar toda essa turma de brasileiros, argentinos, chilenos para trabalhar, mas se você não tiver propósito e objetivos sob um pano de fundo trazendo as características de cada país, não vai funcionar bem. A gente conseguiu fazer com que essa estrutura desse certo".

Alguns anos depois, Oscar recebeu o convite de fazer o mesmo trabalho na Europa: era preciso unir as operações e criar uma estrutura só. "Lá eu encontrei outros desafios, claro, desde implantar fábricas na Rússia até criar unidades de negócio complementares. Foi um período intenso em que eu implementava a estratégia, mas tinha que ajustar com uma frequência muito grande, em função de mudanças macro que aconteciam. Era aquela época de levar para o travesseiro o problema que eu resolveria no dia seguinte."

Ideia transformadora

Pouco antes de sua mudança para a Europa, Oscar estava com uma lacuna: fazia dez anos que não parava para estudar. "Estava sem nenhum tipo de curso, nenhuma educação continuada." Então, ele saiu à procura de um apoio educacional e encontrou o MBA Executivo Internacional do Profuturo/FIA — que tinha acabado de nascer, estando ainda em sua segunda turma.

Oscar chegou à sala de aula da FIA em 1993, com o objetivo de continuar se preparando para a carreira executiva, mas, no decorrer do curso, seu olhar foi para outra direção. Ele começou a refletir e a perceber que não havia, necessariamente, uma literatura sobre o funcionamento da carreira dos executivos que correspondesse com o que acontece na prática. Foi assim que começou a pesquisar teorias e a criar ferramentas para entender como isso funcionava, e como poderia ajudar seus colegas — e a si mesmo — a refletir sobre suas trajetórias profissionais. "Usei a minha turma como 'cobaia'", brinca. E a brincadeira virou coisa séria, pois a tese do MBA de Oscar iria se transformar, anos depois, na base de seu modelo de *coaching*.

Fato é que, após o MBA da FIA, Oscar sentiu o gosto pelo conhecimento e pelo aprendizado constante. Tanto que ele também cursou o Advanced Management Program, ministrado pela Harvard Business School, focado na preparação de líderes para atuarem em alto nível. "O efeito MBA é incrível. Depois que você começa, passa a procurar os andares de cima do conhecimento, buscando uma melhoria contínua. Você quer ser ótimo em vários assuntos", explica.

Muitos estudos dizem que uma das melhores maneiras de aprender é ensinando. E Oscar teve oportunidade de se debruçar mais sobre sua análise da carreira executiva ao ser convidado, um ano após sua formatura no MBA da FIA, a mostrar para a turma seguinte do MBA o seu Trabalho de Conclusão de Curso. "Aconteceu algo muito profundo comigo, pois eu ia lá compartilhar o que estava dentro de mim e falava também sobre o que estava acontecendo com os alunos", diz. Sua teoria era que um profissional precisa definir — assim como as empresas — visão, missão, valores, objetivos e fortalezas. "Não sou um acadêmico de formação, estava tirando tudo da minha vivência e compartilhando o que eu aprendia ou fazia." A experiência ampliou sua presença nas salas de aula: Oscar se tornou professor e tutor no MBA Executivo Internacional da FIA. "O que aconteceu a partir daí é que eu dei 20 anos de aula."

O ponto de virada

A carreira de Oscar começou quando ele ainda era muito jovem. Aos 14 anos, tornou-se um *office boy* que não se contentava em fazer apenas suas atividades e que estava sempre procurando por desafios e sugerindo novas maneiras de fazer as coisas.

Por ter começado bem jovem, ele sabia que poderia se aposentar cedo: com 55 anos, estaria tecnicamente aposentado. E ele também sabia que não seria executivo durante toda a vida. Quanto mais estudava, refletia e aprofundava a sua teoria de *coaching*, mais pensava sobre o equilíbrio entre família e trabalho. "Mesmo que você saiba disso, a agenda de um CEO não é muito fácil. São os fatos que fazem a agenda: a necessidade de uma reunião, de uma negociação... Você não é dono do relógio", conta.

E, na Europa, onde comandava as operações da Pilkington, ele tinha que dar conta de 15 países, cobrindo da Rússia à Inglaterra. "O desgaste do estresse é muito grande. Eu sabia que, quando chegasse nessa faixa dos 55 anos, sairia da vida executiva — e, com o MBA, eu sabia muito bem o que faria depois. O 'quando' não estava exatamente definido. Mas, ao me chamarem para cuidar da Europa, pensei: 'essa é a cereja do bolo, aqui eu fecho a carreira'", lembra. Só que tomar uma decisão dessa magnitude não é tão fácil assim. "Ser CEO é uma realização enorme, você não dorme, mas vê pessoas realizadas por sua causa. Então, eu pensava se não seria bom ficar mais uns três anos no cargo após o término do meu contrato", diz.

Aí aconteceu algo que definiria a trajetória de Oscar. Em um domingo gelado, cheio de neve, ele ligou para a família que estava no Brasil. Sua esposa, seu filho e sua filha estavam almoçando juntos. No telefonema ele se deu conta do quanto estava cansado de ficar longe deles. "Todos juntos, e eu em casa, sozinho, aquela neve lá fora. Saí andando pela neve, com vontade de chutar uma lata de lixo. Aí pensei que não tinha feito tudo o que fiz na minha carreira para ficar sofrendo. Isso me deu forças para renunciar ao contrato — no começo, a empresa não me levou a sério, mas, depois, tiveram que levar", lembra.

Faltando algumas semanas para Oscar encerrar sua carreira como CEO, ele levou até John Hunt, professor da London Business School, o seu projeto de *coaching*, explicando sua teoria e seu plano de migração de carreira — saindo do mundo corporativo para atuar na área de orientação a executivos. "Cheguei lá dizendo que ia me aposentar. Mas ele disse que não, que eu iria me tornar um ex-CEO com um novo projeto", conta. Isso deu ainda mais coragem para Oscar, cujo modelo de *coaching* também havia sido "abençoado", nas palavras dele, pelo professor da FIA Jacques Marcovitch. "Eu não sabia quanto tempo levaria para dar certo." Mas ele tinha a sensação de que, se esse plano não desse certo, nada mais daria. "Eu tinha testado isso antes no MBA, tinha discutido com os meus colegas, aplicado em algumas pessoas", conta. E, no fim, as coisas funcionaram muito bem: ele abriu sua empresa de *coaching* em 2004 e atua na área até hoje — embora agora seu foco maior seja na Governança.

O modelo de *coaching* de liderança de Oscar mescla etapas como análise de histórico de vida e desenho de um Plano de Desenvolvimento Individual. O foco é no autoconhecimento, na conscientização de si próprio de maneira completa e na construção de missão e direção de vida. Mas tudo com abordagem pragmática de conquistar pequenos objetivos por vez — o que evita frustrações e imobilismo.

A mudança de carreira de executivo para consultor foi mais fluida do que Oscar imaginava que seria. "Foi uma transição que não foi transição. Aquele camarada que estava acostumado a compartilhar na empresa foi compartilhar de outra forma. Eu não só comecei a ficar menos estressado como me surpreendi que podia ganhar mais dinheiro como *coaching* e consultor do que como executivo", diz. Ele conseguiu se reinventar encontrando em si mesmo as ferramentas para isso — algo que todos os profissionais podem fazer também. "Você não é só isso ou aquilo. Você pode, conforme a situação do momento, ativar suas diferentes características: é hora de compartilhar? É hora de ser estratégico e pensar sobre o futuro?", provoca.

De olho na governança

Conforme os anos foram passando e a atuação como *coaching* se consolidou, algo começou a assombrar Oscar: a sensação de que estava oferecendo o mesmo que o restante do mercado. "Isso me deixou desesperado, percebi que a minha barra era a mesma dos outros. Eu precisava levantar essa barra", diz. A resposta estava em outra seara na qual ele, com suas décadas de carreira na área corporativa e acadêmica, também tinha muita vivência: a governança. "Durante dez anos, coordenei o curso avançado de formação de conselheiros, que não era voltado para as melhores práticas, mas que tinha como objetivo levantar a barra de conhecimento da governança corporativa no Brasil." Além disso, também atuou como conselheiro em empresas. "Sinto satisfação por ter acompanhado a evolução da governança no país", explica.

Mas ele acredita que o tema ainda necessita de bastante desenvolvimento no Brasil. "Um dos grandes defeitos dos conselhos de administração é que se dedica mais tempo a fazer 'autópsia' do passado, vendo os resultados do trimestre, do que em se dedicar a olhar para frente. Mas essa é a zona de conforto dos conselheiros", explica. E ele segue: "Essa visão de futuro é limitada nos conselhos porque o pensamento estratégico é limitado em muitos conselheiros. Nem todos conseguem fazer suposições, saber quais são as perguntas que precisam ser feitas para construir uma visão à frente".

Mudar essa equação é algo complexo, que demanda muita reflexão — e que faz todo sentido no atual momento de vida de Oscar, que tem procurado ocupar seus pensamentos com o que é difícil. "Essa é a minha fase agora, tenho me tornado uma pessoa menos intuitiva e mais reflexiva. Quero ver o problema de uma maneira inédita e explicá-lo também de uma maneira inédita."

Visão de futuro

Um olhar sobre o que está por vir para negócios e pessoas

É fato que a pandemia da covid-19 mudou a forma como todos nós encaramos o mundo e a maneira como vivemos — e com os líderes não foi diferente. Para Oscar, a crise sanitária trouxe à tona a necessidade de agir mesmo sem ter tido uma experiência parecida no passado. "Foi um período que se falava muito no hoje, mas quem sabia que aquilo ia passar e via o cenário como uma oportunidade ganhou mais, porque soube redesenhar a empresa para viver no futuro. O fato de não sabermos quanto tempo vai durar uma situação não nos impede de mapear e olhar estrategicamente para o futuro", explica. "A transformação digital que levaria anos foi feita em semanas, teve uma aceleração que veio para ficar."

A pandemia, de uma maneira muito profunda, refletiu o fato de que é preciso se adaptar constantemente a novos cenários — mesmo que sejam totalmente imprevisíveis e altamente desafiadores. "Antes você tinha que procurar algo nos livros, depois foi o Google e, agora, é o ChatGPT, que pensa e faz o seu TCC. E temos que refletir: que tipo de pessoa tudo isso está formando? Que tipo de geração será essa? Como você, como líder, vai liderar essas pessoas?", provoca.

Não há respostas fáceis para essas perguntas. Mas, na percepção de Oscar, a única alternativa é se adaptar às mudanças. "Nos últimos dez anos aconteceram muito mais coisas do que desde o início da minha carreira, nos anos 1960. E, nos próximos cinco, vai acontecer ainda mais", explica. "Ninguém é capaz de dizer que tipo de executivo será o ideal, quais são as competências e habilidade para os próximos dez anos, mas eu sei que é preciso ter rápida adaptação e noção de oportunidade. Quanto mais adaptado às volatilidades, menos efeito negativo você vai sofrer. A capacidade de evoluir só depende da gente."

> ***"Você não é só isso ou aquilo e pode, conforme a situação do momento, ativar suas diferentes características.***
>
> ***A capacidade de evoluir só depende da gente."***

Redesenhando a Própria História

O designer Pedro Franco, fundador da A Lot of Brasil, precisou se reinventar para reerguer seu negócio — e repensar sua carreira

Pedro Franco
Fundador e diretor criativo da A Lot of Brasil
Indústria moveleira
Turma 48 do MBA Executivo Internacional

O que Pedro Franco mais gostava de fazer enquanto cursava a faculdade de arquitetura no Centro Universitário Belas Artes, em São Paulo, era desenhar. Mas não eram desenhos quaisquer. A criatividade de Pedro se materializava na criação de móveis — uma tradição no design brasileiro, que tem grandes nomes especializados nesse segmento, como Sérgio Rodrigues, inventor da poltrona mole, os irmãos Campana, famosos por suas criações com materiais reutilizados e inusitados, e Lina Bo Bardi, a arquiteta do MASP, conhecida, também, por suas cadeiras. Apaixonado por essa vertente, Pedro se dedicava ao assunto e tinha muito talento.

Em 1999, quando ainda era estudante, ganhou o concurso *Brasil faz Design* com a Cadeira Orbital, feita com câmaras de gás de automóveis e lycra, que, à primeira vista, pode nem parecer um móvel. O prêmio do concurso não era qualquer um: Pedro recebeu o passaporte para expor no Salão do Móvel de Milão, na Itália, o mais importante — e concorrido — do mundo. Ali, um curador o convidou a participar de um livro de design no qual ele seria capa. Tudo isso aos 22 anos. Recém-formado, começou a expor internacionalmente, a ser convidado para participar de reportagens em revistas e a vender seus produtos no Brasil — aflorava, assim, sua veia empreendedora. “Meu lado empreendedor veio como uma consequência de todo esse processo, desse acúmulo de experiências”, diz.

Em 2006, quatro anos após a sua formatura, ele saiu de um ateliê em Santa Cecília, bairro do centro de São Paulo, e se mudou para um dos locais mais conhecidos do Brasil quando se pensa em design e decoração de alto padrão: a Alameda Gabriel Monteiro da Silva, localizada no Jardim Paulistano, bairro nobre da capital paulista. Ali sua relação com a Itália se consolidou. “Comecei a exportar meus produtos e a trazer itens italianos para o Brasil, o que fez com que eu conhecesse mais empreendedores e proprietários de marcas. Se eu mandava meus produtos de forma pontual, poderia trazer muita coisa das galerias italianas, das grandes marcas, para cá", explica.

Alla italiana

Em 2011, Pedro percebeu uma tendência no mercado interno: a economia brasileira estava indo muito bem, havia uma classe média em ascensão, o mercado interno estava bastante favorável. Então, ele decidiu que era hora de lançar uma indústria de móveis — seria brasileira, mas com inspiração italiana. "Era uma época muito pujante e favorável para o mercado interno de móveis. O Brasil sempre foi focado em produtos básicos, sem muita tecnologia", conta. Com a ideia na cabeça, ele foi conversar com um de seus mentores na Itália. "Eu queria desenvolver um design brasileiro à italiana. Trazer para cá o mesmo orgulho que as pessoas têm quando veem que algo é *Made in Italy* no design."

As conversas levaram Pedro a ter a ideia de fazer, no Brasil, o que os italianos fizeram nos anos 1960: pesquisar novas formas de produção que poderiam ser aplicadas ao design. Naquela época, Piero A. Busnelli, fundador da B&B Italia, descobriu um novo jeito de produzir móveis baseado em itens e materiais da indústria automobilística — e ele também foi o responsável por difundir a marca *Made In Italy* pelo mundo. Inspirado por essa história, Pedro retornou ao Brasil com o objetivo de investir em pesquisas para encontrar novas maneiras de produzir mobiliário. Seu olhar se voltou especialmente para as indústrias automotiva e de aviação. "Fui até os fornecedores dessas indústrias e encontrei ótimas empresas disponíveis para produzir em escala e com moldes de produção", lembra. "O Brasil não só tinha a possibilidade, mas tecnologias alternativas para produzir no setor moveleiro."

Com a pesquisa finalizada, ele voltou à Itália para discutir ideias com seu mentor — e ele ficou encantado com a ideia de unir materiais brasileiros disruptivos a uma equipe globalizada de designers. O objetivo de Pedro, na época, era unir essa tecnologia inusitada a um grupo de designers internacionais de nomes de peso, como o Stúdio Pininfarina, responsável pelo design da Ferrari e que também cria mobiliário. Assim nasceu o conceito da A Lot of Brasil, lançada em 2011. "Foi um grande investimento, eu chamei esses designers para produzir de forma acessível, queria que o design fosse de alto nível, mas ao alcance de mais pessoas. Havia peças que nunca tínhamos conseguido produzir, e levamos isso para eles."

Embora o olhar global fosse importante, a brasilidade não ficava para trás e aparecia em materiais diferentes, como sementes e frutos, e na tecnologia desenvolvida por inovadores brasileiros, como os de uma incubadora de São Carlos, no interior de São Paulo. "Apresentamos o conceito e as novidades no Salão de Milão e fomos convidados para fazer parte do pavilhão de exposição principal — de uma lista de 400 empresas."

Tudo ia bem até 2014, ou "o ano fatídico", nas palavras de Pedro. Com a desaceleração da economia brasileira, os cálculos de retorno de investimento começaram a desmoronar, e foi assim que ele chegou ao MBA Executivo Internacional da FIA: com uma empresa muito bem lançada em marketing, mas endividada. "Até então eu estava dirigindo meu teco-teco em um céu azul". O problema é que o novo céu não era tão azul assim, e Pedro precisava continuar pilotando — mas talvez em outra direção.

Novo cálculo da rota

Com quase dez anos de empreendedorismo, Pedro não tinha feito nenhum curso sobre negócios ou gestão. "A gente fica na empáfia, achando que sabe tudo. Mas, naquele momento, eu tinha dois caminhos: ou salvava a empresa, ou me preparava para o mercado — porque não sou só designer, mas também empreendedor." No curso, o que o tocou mais foi o estímulo para mudar seu modo de pensar. "Ferramentas são importantes, mas são *commodities*. O que transforma é a mudança de *mindset*, o exercício de fazer mais perguntas do que ter respostas", explica. Ele percebeu, por exemplo, que tinha uma marca muito forte em termos de comunicação — era bem-posicionado na imprensa especializada e não percebia isso como um ativo valioso. Também notou que o design não precisava ser necessariamente para todos, mas que poderia atuar de maneira mais nichada. "Comecei a entender também valor de cadeia, valor percebido do negócio e vi que minha empresa era um hub, que poderia trabalhar com grandes companhias e atuar de maneira multicanal", explica. "Esse tipo de análise, essas pulgas atrás da orelha, foram frutos da FIA, e isso me ajudou a redimensionar o negócio."

Tanto que, a partir de 2015, a realidade da A Lot of Brasil mudou: o portfólio de marcas foi revisitado, as parcerias aumentaram, e as atuações em conjunto com grandes empresas, também. Além de licenciamentos, Pedro passou a fazer consultoria para design estratégico e tem, entre seus clientes, nomes como Sherwin Williams Brasil e São Carlos Tapetes, duas representantes importantes do mundo do design. "A FIA tem um viés de *coaching*, faz você pensar naquilo que você faz, que você gosta, que é inerente. É uma das poucas escolas que vai na sua essência. Mudou minha postura, minha forma de ver o mundo."

Além disso, o *networking* também foi importante. "Mudei no âmbito pessoal. Antes, eu era mergulhado no meu universo. Tudo era vinculado à decoração. Mas vi que seria mais interessante ter encontros diversos. Agora tenho amigos de TI, logística, manufatura... A beleza do mundo é a pluralidade, é a gente ter mais um olhar amplo", conta.

Ele também começou a avaliar melhor quais foram seus erros ao empreender — e conseguiu aprender com eles. "O ímpeto que eu tive e a velocidade com que fiz as coisas até 2014 não me permitiram ter a leitura correta do cenário. Eu quase quebrei e não consegui ver perspectiva de futuro. A falta de informação e esse ímpeto custaram muito caro", explica. Hoje, Pedro não faria tudo de forma tão intempestiva e conseguiria avaliar com mais lucidez os desvios de padrão do mercado. A economia crescente do Brasil em 2012, por exemplo, era um desses desvios que ele não percebeu lá atrás. "Não podemos olhar só o momento sem enxergar as nuances do futuro. Hoje, eu teria feito tudo mais devagar, de um jeito mais saudável, para perceber onde estava pisando."

Além de mudar o modo de operar seus negócios e ampliar seus interesses pessoais, o MBA da FIA também fez com que Pedro percebesse a necessidade de estar sempre se desenvolvendo. "Depois do curso, eu prometi para mim mesmo que não ficaria mais estático. Fiz um curso de filosofia, comecei a escrever para mim mesmo, analisando o meu contexto, a minha verdade e acabei me tornando colunista da IstoÉ e da Gazeta do Povo. Escrever, que faz parte da minha autoterapia, virou mais um trabalho."

Ele segue, é claro, desenhando suas peças de mobiliário e tocando os negócios, as colaborações. Só que, agora, sente que tem mais fundamento em suas decisões. "Antes não era tão chancelado, falava mais pela intuição. Agora, tendo mais ferramentas, é até engraçado: chego a uma indústria e já consigo entender rapidamente qual é o problema enfrentado, porque, quando você conhece muito uma ferramenta, um negócio, os erros se repetem, basta você ter a ferramenta certa e saber fazer a leitura", explica. "Eu me tornei um novo Pedro."

Visão de futuro

Um olhar sobre o que está por vir para negócios e pessoas

Pedro tem uma percepção clara sobre o futuro, a de que um negócio nunca mais será apenas o que é hoje, será sempre líquido. "Precisamos entender a parte filosófica da vida, que está constantemente ameaçada e em transformação. Por isso, teremos que ser cada vez mais 'ciganos', com conhecimentos múltiplos", explica. Esse conceito também se aplica às pessoas, que precisarão ter uma visão cada vez mais holística sobre si mesmas. "Temos que questionar rapidamente. Hoje eu vendo móveis, amanhã pode ser outra coisa."

Claro que ter essa consciência sobre a mudança constante não é tão simples. "Estamos numa transição forte de mercado, e muitas empresas têm dificuldades para mudar. Mas precisamos estar sempre revendo, olhando para cenários, pois é muito fácil ficar preso nisso tudo. Estamos numa revolução, e, a partir do momento em que você se questionar mais, estará mais preparado para acompanhar as mudanças."

> *Ferramentas são importantes, mas são commodities. O que transforma é a mudança de mindset, o exercício de fazer mais perguntas do que ter respostas.*
>
> *Não podemos só olhar o momento sem enxergar as nuances do futuro.*

Sem Parar de Estudar

Se existe algo que Ricardo Bressiani compreendeu em duas décadas de carreira é que, para estar preparado para as oportunidades, é necessário aprender constantemente — algo que ele segue fazendo todos os dias

Ricardo Bressiani
Sócio na Marbre Empreendimentos e Participações
Setor imobiliário
Turma 13 do MBA Executivo Internacional

A paixão da infância por sistemas mecânicos levou Ricardo Bressiani a decidir que queria se tornar engenheiro. Sua família, que possuía uma indústria de pincéis batizada de Tigre, em São Paulo, não se opôs, e ele se formou no curso de engenharia mecânica da Escola Politécnica da Universidade de São Paulo. Em 1981, com o diploma em mãos, Ricardo foi contratado por uma empresa brasileira que fazia veículos militares, blindados e agrícolas. "Foi uma experiência muito boa, mas decidi trabalhar na empresa da família. Então, em vez de tanques de guerra, fui fazer pincéis", conta.

Pouco tempo depois de ter tomado essa decisão, Ricardo percebeu a importância de algo que o acompanhou durante toda a carreira: estar preparado para os desafios. Isso porque, duas semanas depois de ter começado a trabalhar na empresa familiar, uma delegação canadense manifestou o interesse em fazer negócios com a companhia — e o único que poderia tratar com os estrangeiros era Ricardo, pois só ele falava inglês. "Começamos a ser mais acionados pelo mercado internacional, e tive contato com a maneira como o pessoal da América do Norte faz negócios, com mais velocidade de resposta do que o Brasil na época", explica. Também foi interessante para ele poder quebrar paradigmas, pois sua juventude, às vezes, surpreendia os interlocutores. "Quando cheguei pela primeira vez nos Estados Unidos, o anfitrião me perguntou logo de cara quantos anos eu tinha — e eu estava com 24. Para eles, o normal era que uma pessoa mais sênior fosse apresentar a companhia, mas, como só eu falava inglês, a oportunidade era toda minha. Hoje, falar a língua é normal, mas há 40 anos era um diferencial."

Com seis anos na companhia familiar, Ricardo se tornou diretor industrial e acompanhou de perto o desenvolvimento da empresa, da chegada à China até o momento em que foi comprada por outra companhia com o mesmo nome, a Tigre Tubos e Conexões, de Santa Catarina, que adquiriu a empresa da família de Ricardo não apenas para expandir os negócios, mas também para proteger a marca, que já era conhecida. "Começou outra jornada. Meu sobrenome, que era de acionista, virou o de mais um profissional na organização. Tive que aprender as novas regras do jogo e fui entendendo como navegar no mundo corporativo", lembra Ricardo, que levou para a indústria de pincéis bons exemplos da compradora. "Eu ia para Joinville, na Tigre, fazer reuniões de planejamento estratégico e via muito a importância do cuidado com as pessoas e de liderar pelo exemplo. Lembro de uma vez quando o presidente da Tigre veio visitar uma das nossas fábricas: ele se abaixou para recolher um papel que estava no chão. Isso é exemplo", diz. "Também aprendi a importância de fazermos sessões anuais de *feedback*, e que esses encontros precisam ser vias de mão dupla para que você, como líder, também melhore e facilite o trabalho da equipe".

O processo da venda da companhia familiar para a Tigre começou em 1997, e, em 1998, Ricardo decidiu cursar o MBA Executivo Internacional do Profuturo/FIA, para ganhar mais competências e visão de futuro. "A minha experiência internacional foi aprimorada durante o curso, tivemos a oportunidade de visitar locais como a fábrica da Coca-Cola em Atlanta, nos Estados Unidos. Foi uma experiência de inovação numa época em que essa palavra não estava no dia a dia", explica.

Novos voos

Depois de 23 anos no ramo dos pincéis, o executivo entendeu que era hora de respirar novos ares. Então, permaneceu na Tigre até 2005, na liderança da unidade de negócios de pincéis. Quando terminou de preparar seu sucessor para a função, aceitou o convite da Onduline, um grupo francês especializado na produção de telhas, para cuidar dos negócios da companhia no Brasil. "Foi um período de reestruturação da empresa. Antes de mim, nenhum brasileiro tinha ocupado a liderança — vinham líderes estrangeiros que ficam esporadicamente aqui. Então, consolidei a operação e trouxe uma linha de governança rigorosa. Estava com cerca de 47 anos na época, e era uma grande oportunidade, aquele cavalo branco que passa só uma vez: ou você salta em cima, ou perde a chance", conta.

Com a governança estruturada, a Onduline cresceu e alcançou boas oportunidades no Brasil e na América Latina — e o bom trabalho de Ricardo foi reconhecido. Em 2009, Ricardo foi convidado para assumir a operação de toda a América Latina. “Foi muito interessante. Meus gerentes me ensinaram a falar e a escrever as diferentes expressões idiomáticas do espanhol. Aprendi com eles todos os dias, eles tinham liberdade de me corrigir todo o tempo”, conta. Nesse período, Ricardo viajou muito pelo mundo e conheceu diferentes países, como Tailândia, Rússia e Singapura. “Quando viajava, fazia questão de não ficar só na empresa, mas de conhecer as lojas e os clientes, ver como eles compravam, o que faziam de diferente”, diz. Suas viagens, aliás, formam um painel que ele criou, com muito carinho, em sua casa. “Tive oportunidade de conhecer 42 países ao longo da vida.”

Após quase dez anos de empresa, em 2018, a Onduline foi vendida para um fundo de investimentos, e Ricardo encerrou a sua participação na companhia. “O Brasil ainda não tinha recuperado o seu vigor na construção civil, e eu fiquei caro para a operação”, conta. “A minha felicidade é que meus sucessores, pessoas treinadas por mim, estão hoje na liderança da empresa. Foi a primeira vez que tive um contrato encerrado, e aprendi que contratar e demitir são coisas naturais, o segredo é o ‘como’. No meu caso, o presidente fez questão de me ligar, ler para mim a carta em que comunicaria a minha saída e perguntar se eu estava de acordo com os termos e contexto”, lembra.

Agora, Ricardo atua como empreendedor no ramo imobiliário ao lado dos irmãos, além de apoiar o filho, que tem um negócio de fazenda urbana, na qual planta vegetais *indoor* para diminuir a distância entre o produtor e os consumidores. O executivo segue estudando e está imerso na temática da inovação. “Em 2016, a Vedacit me convidou para participar de um comitê, e conheci o mundo das startups. Estou participando de vários ciclos de desenvolvimento de startups de construção civil.” Ricardo se empolga tanto com o aprendizado que não sai mais da escola. “*Lifelong learning* é um bichinho que não tem jeito de largar: obriga você a ter humildade para entender que sempre existe algo a mais para aprender.”

Visão de futuro

Um olhar sobre o que está por vir para negócios e pessoas

Para se preparar para o futuro, o conselho de Ricardo é investir em algo que, segundo ele, sua geração negligenciou: as competências comportamentais. "Você precisa criar essa mentalidade que não é só técnica", explica. Além disso, ele encontra na própria história outro conselho que foi importante para que entendesse qual é a melhor maneira de construir o futuro nos negócios. "O presidente da Tigre, quando eu estava lá, me disse que eu precisava sempre contratar pessoas melhores do que eu. Muita gente tem medo disso, mas é melhor orientar alguém muito bom do que empurrar uma pessoa sem energia ou brilho próprio", diz. Também é preciso, na opinião de Ricardo, acompanhar as novas tecnologias que surgem — sempre com olhar crítico — e entender que é preciso se desenvolver constantemente. "Não podemos parar de nos preparar, de buscar novas formas de aprender e desenvolver competências — especialmente para inspirar as pessoas."

> ***Aprendi que contratar e demitir são coisas naturais, o segredo é o 'como'.***
>
> ***Não podemos parar de nos preparar, de buscar novas formas de aprender e desenvolver competências — especialmente para inspirar as pessoas.***

Pronto para se Reinventar

Engenheiro de formação, Ricardo Telles divide sua trajetória em dois momentos: o de especialista e o de gestor generalista — onde se descobriu e está até hoje

Ricardo Telles
CEO na Perplan Urbanização e Empreendimentos
Construção Civil
Turma 17 do MBA Executivo Internacional

Quando analisa sua carreira, Ricardo Telles costuma dizer que sua trajetória profissional foi dividida em duas partes: a primeira, mais técnica, durou 20 anos; a segunda, mais executiva, é a atual e já completou 16 anos. E o MBA Executivo Internacional do Profuturo/FIA foi o divisor entre os dois estilos de atuação. Graduado em Engenharia Civil pela Escola Politécnica da Universidade de São Paulo, Ricardo começou a trabalhar na área de construção civil como estagiário e, em 1987, passou a integrar a Camargo Corrêa, atuando no ramo de construção pesada. "Era uma empresa muito forte, com bastante competência e recursos, na qual fiquei até 2005", conta.

Em sua fase final da companhia, ele atuava como gerente de empreendimentos e era responsável por implementar tecnologias inovadoras em grandes obras brasileiras, como as do Metrô da Linha 4 de São Paulo e do Aeroporto Internacional de São Paulo. Mas, nesse período, Ricardo sentia que era hora de mudar seu escopo de atuação. "As empreiteiras estavam em um momento de esgotamento, e eu sabia que precisava de um novo caminho. Queria uma carreira executiva em outras áreas que não as de engenharia pura, aplicada." Por conta dessa necessidade, encontrou no MBA o melhor caminho para se aprofundar em disciplinas com as quais não tinha tanto contato no dia a dia.

Até então, embora gostasse de ter uma atuação mais generalista, as oportunidades de carreira haviam levado Ricardo para o papel de especialista. "Minha personalidade sempre foi mais de generalista, mas eu fui me tornando um especialista, só que de modo mais acidental. Essas coisas acontecem na carreira", diz. "O MBA, por ter várias disciplinas, traz uma visão maior para você. Tem a parte macroeconômica, microeconômica, marketing, comercial, gestão de pessoas. Meu objetivo era adquirir mais conhecimento", explica. Ele, então, participou da turma de 1999-2001. "Era uma turma muito forte, e nós nos falamos até hoje.

Havia colegas de banco, setor automobilístico, bebidas, papel e celulose. Os dois anos de convivência e as viagens aumentaram a nossa proximidade e me ajudaram a ganhar uma visão mais generalista das coisas. A troca de experiências é algo muito rico, e é até difícil transmitir a importância dessa convivência com diferentes pontos de vista e culturas", conta.

O gosto por novos olhares é algo que acompanha Ricardo até hoje, tanto que ele continua participando de viagens de imersão da FIA. "Em 2022, fui para o Vale do Silício com as turmas de MBA, não só pela experiência de conhecer as empresas, mas para conviver com executivos mais jovens, entender o que esse pessoal pensa. Gosto muito dessas redes de relacionamento."

Mas Ricardo não abandonou de vez seu chapéu de especialista. Mesmo depois de se formar no MBA, fez uma pós-graduação em engenharia com foco em tecnologia dos materiais e foi editor do livro *Túneis do Brasil*, que conta as histórias de 120 túneis construídos no país desde meados do século XIX. Nessa mesma época, entre 2005 e 2006, deixou a Camargo Corrêa e iria iniciar a segunda fase de sua carreira.

Segundo tempo

Após a saída da Camargo Corrêa, Ricardo abriu uma consultoria, mas logo foi chamado para ser diretor na PDG Realty, uma construtora e incorporadora na qual se tornou diretor de negócios na unidade do Nordeste. "Era uma atuação um pouco diferente da que eu estava acostumado, pois o foco era na incorporação. E eu só consegui fazer isso porque possuía conhecimento que não tinha a ver com engenharia", explica. Em seu período na PDG, que durou de 2007 a 2012, Ricardo liderou 28 empreendimentos. "Era uma operação rápida, estávamos vivendo o *boom* imobiliário no nordeste", lembra.

Com essa experiência, ele acumulou à sua vivência na construção civil o olhar da incorporação, o que ampliou o seu conhecimento sobre o setor no país. Mesmo assim, ainda havia chances para aprender mais — o que aconteceu por meio de outra oportunidade de carreira que surgiu em 2012: o convite para ser diretor de operações na Alphaville Urbanismo, com enfoque em loteamentos. Por lá, Ricardo liderou equipes e um sistema de governança que contava com gestão de orçamento, planejamento, execução e controle que seria usado nacionalmente pela companhia. Esse foco em loteamentos ainda continuou na próxima oportunidade profissional de Ricardo, na Cipasa Urbanismo, onde ficou como diretor até 2016. Mas foi em 2017 que surgiu sua maior oportunidade: tornar-se CEO na Perplan Urbanização e Empreendimentos.

Desafios da governança

Ricardo tem diversos desafios como CEO. Por ser uma empresa multifamiliar, a Perplan tem um grupo de acionistas que representam as quatro famílias detentoras da companhia. Quando o executivo chegou à empresa, o cenário era um pouco diferente: a Perplan tinha decidido que era preciso se profissionalizar. "Havia questões internas de relacionamento, e, para resolver isso, a gestão precisava ser profissionalizada", explica. "Esse desafio de governança corporativa tem sido extremamente rico para mim, pois sou um CEO com total liberdade operacional e com uma relação muito transparente com o conselho." Para dar conta desse desafio, Ricardo se certificou no tema pelo Instituto Brasileiro de Governança Corporativa (IBGC). "Além de mim, o presidente do conselho também é certificado. Fazemos todas as reuniões mensais com pauta, ata e com alta qualidade sobre a informação tratada. Esse é um dos meus principais desafios hoje", diz.

Na ponta da operação, está o desafio de acelerar o crescimento da companhia. Quando Ricardo chegou lá, a empresa, que tem sede em Ribeirão Preto, no interior de São Paulo, fazia cerca de um a dois lançamentos por ano. Agora, já são cerca de dez lançamentos que não se restringem ao estado de São Paulo — há empreendimentos em Goiás, Mato Grosso do Sul, Minas Gerais, Rio de Janeiro e Paraná. "Tudo isso passa por capacitação de equipe e por uma governança para atuação nacional, além de desafios de logística, inserção nas novas cidades, relacionamento com entidades públicas", explica o CEO.

O que está por vir

O maior desafio, no entanto, está começando: a preparação da governança corporativa para a geração futura das quatro famílias controladoras da Perplan. "Os filhos, neste momento, não virão para a gestão da companhia, mas participarão do conselho. Então, estamos começando um processo de formatação da prestação de contas entre a gestão, os conselheiros e as famílias. Iniciamos esse processo em 2023, o que vai demandar a profissionalização do conselho também. Estamos começando, por exemplo, a contratar conselheiros independentes", explica Ricardo.

A temática da governança corporativa chama tanto a atenção do executivo que ele enxerga nesse assunto uma oportunidade para a sua atuação no futuro. "Eu pretendo concluir o projeto na Perplan, que é o de profissionalização para todos os níveis profissionais, com um sistema de governança corporativa que perpetue a empresa no futuro", explica. "Pode ser que, quando eu chegar mais perto dos 70 anos, passe a atuar em conselho. A governança, especialmente em empresas familiares, é uma questão importante, pois há sempre desafios societários e de transição. Em um futuro distante, eu me vejo atuando como conselheiro."

Visão de futuro

Um olhar sobre o que está por vir para negócios e pessoas

Ricardo costuma falar muito para seus filhos sobre a capacidade humana de tentar ver as coisas pela ótica dos outros. Para ele, essa empatia é muito importante para que um executivo consiga ter uma visão mais ampla sobre o que está acontecendo no mundo — e isso inclui prestar atenção a questões sociais também. "Sempre li muito, estudo sobre filosofia e sociologia. É assim que conseguimos nos posicionar melhor na vida, seja na universidade, na carreira. Precisamos entender os lados e compreender que não existe uma verdade absoluta, mas dezenas de pontos de vista", explica Ricardo, que acredita que essa percepção é fundamental para os líderes.

"Um executivo deve ter a capacidade de escutar bastante, ponderar, colocar as coisas na balança, deixar os vieses de lado e trazer mais sensatez para os ambientes. O bom senso é a maior habilidade de um profissional moderno." Além disso, para ele, também é fundamental conseguir se adaptar aos cenários. "É clichê, mas temos que ser uma metamorfose ambulante, manter a mente aberta para o novo, para a juventude. A gente precisa saber filtrar o que faz sentido, mas se reinventar sempre."

“*Precisamos entender os lados e compreender que não existe uma verdade absoluta, mas dezenas de pontos de vista.*

***O bom senso é a maior habilidade de um profissional moderno.*”**

Céu de Brigadeiro

Os desafios de gestão que Rodrigo Persico enfrentou ainda no início da carreira o ajudaram a entender que os líderes precisam se comprometer, sempre, com a transparência

Rodrigo Persico
CEO e presidente da Atech Negócios em Tecnologias S/A, do Grupo Embraer Aviação
Turma 43 do MBA Executivo Internacional

Paulista de Santos, Rodrigo Persico iniciou sua trajetória profissional em uma empresa que é sonho de muitos de seus colegas de engenharia: a fabricante brasileira de aeronaves Embraer, com sede em São José dos Campos, no interior de São Paulo. "Depois de um estágio na França, voltei para o Brasil e entrei no programa de jovens talentos da Embraer", conta. Rodrigo começou trabalhando com engenharia de produtos e apoiando a companhia em processos de melhoria.

Poucos anos depois, já havia se tornado gerente. "Sentia que, apesar da base técnica forte, a faculdade não me preparou como gestor." Para preencher essa lacuna de uma atuação que se tornaria essencial para a sua carreira, Rodrigo procurou uma primeira capacitação no CEAG da Fundação Getúlio Vargas, uma pós-graduação em administração. "Todas as formações foram importantes para eu seguir a minha carreira e para atuar como gestor funcional, com pessoas e recursos para gerir", explica.

Aprendizados e decisões

Quando tinha menos de 30 anos e já exercia uma função de liderança, Rodrigo enfrentou um dos momentos mais difíceis de sua carreira — e também um dos que mais o fizeram crescer pessoal e profissionalmente: foi escalado para fechar um escritório de engenharia da Embraer nos Estados Unidos. Era uma estrutura pequena, com menos de 100 pessoas.

"Foi duro, porque cheguei como gerente geral sem que as pessoas soubessem o que ia acontecer, que o escritório ia fechar. E eu, com 27 anos, tinha que fazer isso com pessoas de 50 anos de idade, com 30 anos de carreira", lembra. O processo, que levou sete meses, foi conduzido com cuidado: Rodrigo fez o diagnóstico dos projetos, organizou a transição do conhecimento e a realocação dos ativos da companhia.

Tudo isso sem deixar de lado as pessoas. "Tinha gente de vários países, então, mapeamos os vistos, contratamos uma empresa de *outplacement* para recolocação, e quem não conseguiu encontrar um emprego nos Estados Unidos foi convidado a vir para o Brasil — apenas dois não aceitaram", conta.

Dessa experiência, ficaram várias lições que Rodrigo carrega até hoje, como resolução de conflitos, decisão sob pressão e equilíbrio entre as necessidades da matriz e de uma filial pequena. Mas o que mais o marcou foi o valor da transparência. "Em qualquer situação, seja boa ou ruim, escolha sempre o caminho da dignidade, de não deixar as pessoas navegando no escuro. Nunca tente esconder. Pior do que receber uma notícia ruim é não saber de nada."

Outro momento que o marcou como líder ocorreu quando ele já era um gerente sênior, e a Embraer havia tomado a decisão de realocar cerca de 100 engenheiros de São José dos Campos para Gavião Peixoto, cidade a aproximadamente 400 quilômetros de distância, na qual a companhia também tem uma unidade. "Nós tínhamos um problema: quando testávamos algo em Gavião Peixoto e dava algum defeito, tínhamos que esperar um engenheiro viajar de São José para avaliar — o que levava umas seis horas. Era melhor deixar uma equipe lá, até para ter mais conhecimento das máquinas", explica.

O problema é que ninguém queria ir. Para convencer as pessoas, Rodrigo, que liderou o projeto, começou a pensar em todas as questões que envolviam o deslocamento. "Não era transferir uma pessoa, mas uma família inteira. Fizemos um grande trabalho de convencimento e de oferecer as condições necessárias", explica. Com o projeto quase concluído, faltava só uma etapa: encontrar o gestor para se mudar para Gavião Peixoto — que não seria, a princípio, Rodrigo. Mas um dia, o executivo estava em casa e surgiu uma angústia. Se ele estava vendendo a ideia para todo mundo, transformando a vida de várias famílias, o mais correto não seria que ele fosse também? "Eu tinha que dar o exemplo, então eu me mudei e foi muito bom", diz.

Ampliando os horizontes

Após dois anos em Gavião Peixoto e depois de pouco mais de 13 anos de carreira na companhia, Rodrigo recebeu uma proposta que o interessou bastante: migrar para a Embraco, produtora de compressores de refrigeração que, na época, pertencia à Whirlpool, dona das marcas Brastemp e Consul. "Fui para Joinville e aprendi sobre sistemas de gestão diferentes. Nesse momento, senti a necessidade de aumentar a minha rede de contatos, de conhecer pessoas com culturas e ideias diferentes das minhas", conta. Foi assim que encontrou o MBA Executivo Internacional do Profuturo/FIA. "Percebi que não era um lugar convencional de estudo, mas um local para debates e trocas."

Rodrigo, então, se dividiu entre São Paulo e Santa Catarina para fazer o curso e, quando ainda estava no MBA, foi convidado para retornar à Embraer. "Eles me chamaram para ser responsável por todos os sistemas aeronáuticos da aviação executiva, eram seis na época, e eu aceitei", conta. No início de sua volta à antiga casa, Rodrigo viveu a experiência das viagens internacionais da FIA e aproveitou o conhecimento para ampliar seus horizontes. "No módulo internacional, a aula é 15% de tudo o que você aprende. Você está no King's College na sala em que o *[John Maynard]* Keynes deu aula, ou visitando empresas como a Jack Daniels. É uma injeção de cultura e de experiências diversas", diz.

Após seis anos como diretor da aviação executiva, a Embraer deu outra oportunidade a Rodrigo: tornar-se vice-presidente para o mercado de defesa e segurança. "Aí o meu *networking* me ajudou muito, ter visões de mundo diferentes é sempre importante, ainda mais quando temos muitos anos na mesma empresa", explica. "E devo muito disso aos meus colegas do MBA que continuam próximos até hoje. Temos um grupo de 25 pessoas bem diferentes que ainda se falam bastante e isso me ajuda", diz.

Em seus últimos anos à frente dessa diretoria, Rodrigo enfrentou o grande desafio da pandemia da covid-19. "Foi um momento de muito aprendizado, de quebrar vários paradigmas como o do trabalho remoto. Muita gente dizia que não funcionava, mas quando fechou tudo e tivemos que colocar quem não era da produção em casa, fizemos funcionar. Aprendemos que balancear o remoto com o presencial é saudável", diz.

O que realmente o marcou durante o período da pandemia foi a chance de liderar as ações voluntárias e filantrópicas da Embraer. "Meu chefe me ligou e perguntou se eu queria liderar esse projeto, e eu aceitei na hora", conta. Entre as ações, a Embraer organizou entrega de purificadores de ar, doou um sistema que reduz a contaminação por covid-19 dentro de hospitais desenvolvido em parceria com a Sociedade Beneficente Israelita Brasileira Albert Einstein e disponibilizou os aviões KC-390, da força aérea brasileira, para levar ambulâncias e fábricas de oxigênio para diversos locais do país, como o Amazonas. "Foi uma das melhores experiências que tive na vida", diz o executivo.

Agora, Rodrigo tem um novo desafio. Em fevereiro de 2023, assumiu a liderança, como presidente e CEO, da Altech, braço da Embraer que desenvolve sistemas de gestão de tráfego aéreo (civil e militar), de defesa e segurança e de logística, além de simuladores e gestão de ativos. "Fazemos o sistema de gestão de todo o tráfego aéreo do Brasil e da Índia", explica Rodrigo, que vive um momento de muito desenvolvimento pessoal. "Na maior parte da minha vida na Embraer eu fui um gestor de engenharia, com o foco mais no técnico. Nos últimos anos, tenho tido a responsabilidade de ver a parte estratégica, de enxergar a magnitude de uma empresa completa. Não é clichê, mas os desafios são diários, e o aprendizado é constante."

Visão de futuro

Um olhar sobre o que está por vir para negócios e pessoas

Embora tenha uma carreira consolidada na engenharia aérea, Rodrigo já experimentou céus diferentes — ele cursou, por exemplo, alguns anos de odontologia na Universidade Estadual de São Paulo. E essa experiência, somada ao seu entendimento do mundo de hoje, fazem com que ele tenha certeza de uma coisa essencial para a compreensão do futuro: ninguém é — nem deve ser — linear. "Nós somos 3D, 4D. Você pode até querer ser engenheiro ou médico para o resto da vida, mas precisa desenvolver aspectos diferentes do meio em que convive. É importante saber um pouquinho de cada coisa para poder navegar", afirma. "Darwin já dizia que não é o mais forte que sobrevive, mas o que melhor se adapta. E isso vale para nós agora. Sem se abrir para o futuro e para a diversidade de pensamentos, não é possível se desenvolver."

Em qualquer situação, seja boa ou ruim, escolha sempre o caminho da dignidade, de não deixar as pessoas navegando no escuro. Nunca tente esconder. Pior do que receber uma notícia ruim é não saber de nada.

Você pode até querer ser engenheiro ou médico para o resto da vida, mas precisa desenvolver aspectos diferentes do meio em que convive.

Todas no Topo

Executiva com uma carreira longeva em multinacionais farmacêuticas, a colombiana Rosalba Pantoja encontrou durante o MBA uma grande paixão: a luta pelo empoderamento feminino

Rosalba Pantoja
Diretora executiva de operações internacionais na Eurofarma
Indústria farmacêutica
Turma 46 do MBA Executivo Internacional

Colombiana radicada no Brasil desde 2011, Rosalba Pantoja atuou sua vida toda na indústria farmacêutica. E não é à toa. Formada em Farmácia, o caminho das empresas do setor era natural, e sua carreira iniciou cedo: em 1998, foi aprovada para trabalhar como estagiária na Sanofi-Aventis, onde ficou até se tornar líder da área de controle de qualidade. Depois dessa primeira experiência, ela ainda passou por outras grandes multinacionais, como a alemã Merck e, posteriormente, a americana MSD. Tudo isso ainda em terras colombianas. "Sempre fui muito curiosa no mundo corporativo, mas, quando chegaram meus novos chefes da Merck Sharp and Dohme, nasceu a oportunidade que eu precisava para sair da Colômbia", diz Rosalba.

E essa oportunidade estava no Brasil, para onde veio se tornar gerente de qualidade operacional da MSD em 2012. "Foi uma mudança de cultura e de língua, eu não entendia bem o português na época", lembra. Também foi uma boa chance de ampliar seus horizontes e sua carreira. Afinal, ela saía de um país de 50 milhões de habitantes para um de 200 milhões. "Essa foi uma das grandes oportunidades da minha vida."

Sua intenção era ficar no país por apenas dois anos — período em que acompanharia o encerramento das atividades de uma fábrica da companhia. Mas, enquanto ela estava nesse processo, outra oportunidade bateu à sua porta: um convite da brasileira Eurofarma. "Eles estavam procurando uma diretora de qualidade. Fiz entrevistas com o vice-presidente e o presidente da empresa e consegui a posição", conta. Com a mudança de emprego, Rosalba ampliou sua atuação mais uma vez: deixou de cuidar de uma equipe de 50 funcionários para liderar 200 profissionais — e para falar majoritariamente do tempo em português. "Eu estava acostumada a trabalhar em multinacionais. Antes, para resolver um problema, eu ligava para os Estados Unidos ou para a Europa; agora precisava resolver aqui mesmo. Foi um processo muito grande de aprendizado técnico e pessoal", diz.

Um novo olhar — e uma nova atuação

Rosalba assumiu o cargo na Eurofarma em 2012 e, em 2015, sentia que precisava ampliar seus conhecimentos — ela tinha a necessidade de olhar além do mercado farmacêutico e conhecer novos setores, além de refinar o que já sabia, na prática, sobre a carreira executiva e gerencial. Pesquisando cursos que poderia fazer, ela se deparou com o MBA Executivo Internacional do Profuturo/FIA e gostou muito do que viu. "Fiquei encantada pelo programa e sinto, sem me equivocar, que isso marcou a minha carreira", conta. "Quando olho um pouco para trás e vejo os colegas que estudaram comigo, 70% estão morando fora do Brasil em posições muito bacanas, outros em posições regionais. Foi o melhor *networking* que eu consegui, carrego comigo até hoje."

O que mais a marcou foram as viagens internacionais que fez com a turma e com os professores. "Temos quatro viagens, e consegui fazer quase todas, só não pude ir à China. Essas oportunidades são enormes porque temos agendas acadêmica, de negócios e de cultura também. Fomos para a Universidade Vanderbilt, visitamos Harvard, fomos para a Itália e para a Inglaterra", lembra.

Mas a viagem mais importante aconteceu na Índia. "Foi uma descoberta, conhecemos a cultura e como funcionam os negócios por lá, vendo o mundo um pouco diferente da realidade da miséria e pobreza do país", explica. Só que o fator social indiano foi algo que fez com que Rosalba refletisse muito — especialmente sobre a condição feminina em países em desenvolvimento. "Havia outras colegas comigo na viagem, e começamos a pensar sobre o quanto éramos privilegiadas por estarmos em um hotel cinco estrelas na Índia enquanto tantas mulheres não tinham oportunidades. Foi aí que decidimos montar um grupo de empoderamento feminino", conta Rosalba.

Foi assim, em um país a quase 15 mil quilômetros de distância do Brasil, que nasceu a semente do EWA — *Empowering Women to Achieve*, um grupo formado por mulheres executivas, que tem como objetivo ajudar no desenvolvimento da carreira de outras mulheres que querem ascender no mundo corporativo. A missão do EWA é "preparar as mulheres para um mundo imperfeito e promover o empoderamento e o desenvolvimento de mulheres no âmbito profissional, para alcançarem altos cargos de liderança por meio do aprimoramento pessoal e profissional, da mentoria e do *networking*." E, para Rosalba, é muito mais do que isso. É uma missão. "Nosso interesse é ajudar mulheres a ocuparem postos de liderança por meio de *networking*, *coaching*, mentoria. É muito importante encontrar mulheres na liderança que querem ser exemplo, ajudando outras a crescerem também", diz.

Decisões e aprendizados

Alguns anos após a conclusão do MBA, em 2018, Rosalba decidiu sair do mundo corporativo temporariamente para tirar um ano sabático e, nessa época, ela conseguiu se dedicar ainda mais ao EWA. Mas, nove meses depois de sua saída, a Eurofarma a convidou para voltar. Dessa vez, como diretora executiva de operações internacionais. "A empresa é brasileira, mas vem crescendo de forma acelerada e com grande investimento em inovação e expansão geográfica. Temos uma atuação internacional importante na América Latina, na África e nos Estados Unidos", explica. Hoje, ela cuida de toda a parte de operações da empresa fora do Brasil, tanto do ponto de vista de qualidade quanto do de *supply chain*. "Além de operações na África e nos Estados Unidos, seis fábricas na América Latina dependem de mim e dos meus gerentes, que me apoiam nessa jornada", conta. "E tem tudo a ver com o que estudei, com todo o conhecimento internacional que adquiri."

O aprendizado de Rosalba também acontece muito na prática. E a pandemia da covid-19 trouxe muitas lições e transformações para a sua vida — pessoal e profissionalmente. "Eu vivia uma agenda muito intensa de viagens, que parou na pandemia. Ao mesmo tempo, a indústria farmacêutica não parou. Veio aquele desafio: como você consegue gerenciar, de um jeito totalmente diferente, pessoas, fábricas, funcionários afastados? A pandemia me ensinou a buscar outras formas de fazer e me deu muita agilidade. Tinha que aprender, me reinventar. No Peru e na Colômbia, por exemplo, tudo fechou mesmo — não tinha nem transporte público para os funcionários, era necessário buscá-los na porta de casa", lembra. "No meu caso particular, aprendi a usar as reuniões remotas. Embora ainda acredite mais nos encontros pessoais, vi que podemos continuar a vida remotamente. Foi um pensamento importante para a pandemia."

Ao refletir sobre a sua trajetória, Rosalba chega a uma conclusão que pode afligir outros profissionais – de diferentes cargos e mercado – o fato de que, até pouco tempo atrás, ela não havia sido dona da própria carreira. "Se eu não tivesse tido bons líderes, não estaria na posição que ocupo hoje. Eu era meio 'deixa a vida me levar'", brinca. Seus gestores a estimularam a crescer e deram a ela diversas oportunidades. "Eu não aplicava às posições, isso eu fazia errado. Vejo que hoje os jovens já pensam mais sobre os próximos passos. Só comecei a construir, de fato, a minha carreira lá por 2010. Por fortuna, cheguei a uma posição muito bacana e minha atitude anterior não teve uma consequência grave. Deu certo. Mas aprendi que todos precisamos ter uma agenda e ser donos da própria carreira."

Visão de futuro

Um olhar sobre o que está por vir para negócios e pessoas

Na visão de Rosalba, a palavra que pode definir o futuro é inclusão. "No passado, você simplesmente liderava e podia falar: 'Sou justa, contrato quem tem mais conhecimento e pronto.' Mas, hoje, tem que ter inclusão, você precisa olhar para os mais vulneráveis", explica.

Para a executiva, essa percepção deve englobar não apenas mulheres, pessoas negras e pessoas com deficiência, mas todos aqueles que não tiveram oportunidades para fazer parte do que Rosalba chama de "a justiça dos melhores" — ou seja, a meritocracia dos que puderam, por condições socioeconômicas, se preparar mais. "Muitos candidatos chegam ao emprego pouco preparados. Então, você tem que construir o profissional dentro de casa, dar todas as condições para o funcionário ter todas as competências necessárias para o trabalho", diz. Para ela, isso significa que, no presente e no futuro, é papel das empresas e da liderança auxiliarem na educação dos profissionais — os preparando em termos de competências, conhecimentos e idiomas. "Os líderes do futuro só serão bons quando entenderem esse contexto: o de que os funcionários dão o seu potencial máximo quando você proporciona as condições para isso."

E, na opinião de Rosalba, isso é uma realidade mundial. "É uma agenda mandatória que precisa ser cumprida em todos os países", explica. Essa visão inclusiva também está diretamente atrelada às práticas ESG que têm ganhado força globalmente. "Ainda temos muitas dificuldades. Li que, no mundo, as mulheres vão levar 200 anos para poder alcançar o mesmo nível salarial dos homens. Isso falando só de mulheres. Agora, pensa: uma mulher preta, trans... É muito pior. Precisamos levar essa agenda, alinhada ao ESG, a todo ecossistema."

> ***É muito importante encontrar mulheres na liderança que querem ser exemplo, ajudando outras a crescerem também.***
>
> ***Hoje, tem que ter inclusão, você precisa olhar para os mais vulneráveis.***

Pioneirismo em Diversidade

Simone Bianchi foi uma das primeiras executivas brasileiras a tratar da temática da diversidade, equidade e inclusão — campo no qual atua ajudando empresas a se tornarem mais justas

Simone Bianchi
Fundadora e CEO da SSB Consultoria
Consultoria
Turma 33 do MBA Executivo Internacional

Quando ainda nem se falava tanto no tema, Simone Bianchi já trabalhava com a temática da diversidade, equidade e inclusão. Com 25 anos de experiência, grande parte de sua carreira ocorreu no departamento de gestão de pessoas, no qual trabalhou em companhias como ABB, Schneider Eletric e Dupont — e foi nessa última que o trabalho na área de diversidade ganhou força.

Na multinacional do setor químico, na qual Simone começou como *business partner* de RH e chegou até o cargo de diretora, as iniciativas de diversidade começaram com o enfoque de respeito às pessoas. “Quando entrei na Dupont, em 2006, tínhamos um movimento chamado ‘Respect for People’, que já era um dos valores da empresa, mas que englobava uma série de treinamentos para que esse assunto fosse vivido na prática. Já era uma temática de inclusão, e eu comecei a me voluntariar para discutir esse assunto”, conta Simone. Depois, a companhia criou outro conceito, o de *Organizational Vibrancy*. “O que significa isso? Eu me perguntei quando chegou esse termo da Dupont global. E percebi que, novamente, era sobre inclusão de pessoas diversas — a gente ainda não tinha nem palavras para explicar, mas já estávamos trabalhando o assunto”, lembra.

E, enquanto vivia esse momento na Dupont, ocupando o cargo de gerente de RH para Brasil e América do Sul, ela sentia que precisava de uma consciência mais ampla sobre negócios — para ter ferramentas estratégicas que a ajudassem na carreira, mas que fossem além da gestão de pessoas. Estudiosa desde sempre, Simone buscava um curso que a auxiliasse a seguir um provérbio chinês que, para ela, exemplifica a necessidade de nos atualizarmos constantemente: manter é fazer crescer. “Sempre achei que, para crescer, eu precisava de conhecimento de qualidade, e o que eu buscava era ter um MBA que me tirasse da caixinha do RH”, diz.

Parceiros para a vida toda

Carioca que vivia em São Paulo, ela começou a pedir indicações para amigos, e muitos falavam sobre a FIA. "Como a escola é mais forte em São Paulo do que no Rio de Janeiro, eu não tinha tanto contato. Fiz a prova e a entrevista com o professor James *[Wright]* e percebi claramente que ali era o meu lugar, porque duas coisas são muito ricas para mim: o conhecimento de qualidade e a troca entre os pares", diz. E essa troca foi tão forte e intensa que, nos dois anos de estudos, a turma participou ativamente de eventos pessoais dos colegas, como casamento e nascimento de filhos. "A Turma tem um grupo de WhatsApp, e nós conversamos todos os dias, a gente se encontra todo ano para um churrasco. Foi tão rico que estamos juntos até hoje, continuamos fazendo negócios e aprendendo juntos", diz.

Além de amigos e parceiros para a vida toda, o MBA também a ajudou rapidamente na carreira: enquanto ainda estava cursando o programa, foi promovida. "O professor James fazia uma pesquisa anual, perguntando o que acontecia com os alunos, se tinham se mudado do país, sido promovidos... E comigo não foi diferente: fui promovida como fruto do esforço e do conhecimento que eu adquiri", lembra. Assim ela se tornou diretora na Dupont.

Para além de um retorno em termos de crescimento de carreira, o curso também foi importante para que ela aprofundasse seus estudos sobre a temática da diversidade e da inclusão dentro das empresas. "O tema do meu trabalho de conclusão foi exatamente como as companhias poderiam desenvolver uma cultura inclusiva", conta.

Referência

A liderança e o mergulho de Simone na temática da diversidade fizeram com que ela começasse a se tornar uma referência sobre o assunto dentro e fora da Dupont. E não é à toa. Na multinacional, ela liderou as iniciativas de diversidade da companhia no Brasil e na América Latina, e os bons resultados brasileiros e latino-americanos fizeram com que a matriz consultasse sempre Simone sobre questões relacionadas à diversidade. "Chegou uma época em que o Brasil estava tão forte que o global vinha pedir ajuda pra nós, viajei muito para falar sobre isso, o que me ajudou a desenvolver a visão de que esse é um tema de construção de pontes. Não existe ninguém que possa dizer que não tem preconceito, é mentira. A questão é como construir a ponte e o entendimento de que a desigualdade não é boa pra ninguém", explica.

Como líder do tema na Dupont, ela e sua equipe conseguiram resultados importantes, como 100% do engajamento da liderança no assunto, treinamento de 80% dos funcionários em vieses inconscientes e contratação de 51% de profissionais negros no programa de estágio de 2019. Além disso, sob sua liderança, a companhia alcançou 50% de liderança feminina na área comercial, 40% de mulheres líderes no conselho diretor da empresa, 32% de mulheres na empresa em geral e 22% de pessoas negras.

Enquanto ainda estava na Dupont, Simone vivenciou um momento complexo: a fusão com a Dow, uma das maiores da história. O processo resultou na separação em três empresas: Dow, DuPont e Corteva Agriscience. “Algumas posições foram perdidas nesse momento, como o *country leader* de RH”, explica Simone, que viu no novo momento de carreira uma oportunidade para seguir fazendo o que mais gosta: atuar com diversidade e inclusão.

Nova atuação

Na mesma época de sua saída da DuPont, em 2019, Simone recebeu um convite importante: atuar como consultora na ONU Mulheres, promovendo em novas empresas os Princípios de Empoderamento das Mulheres, criados pela instituição, e apoiando as empresas que já faziam parte do pacto da ONU pelo empoderamento feminino. Tudo isso com o objetivo de avançar nas ações em prol da equidade de gênero. “Com a ONU, as empresas começaram a me chamar para atuar, e eu criei a minha consultoria. Não era um sonho, nada disso. Mas aproveitei as oportunidades”, explica. “É interessante que, quando fiz o MBA, a visão na época era mais de você ser funcionário, mas vários dos meus colegas, como eu, empreenderam.”

A transição para a consultoria teve seus desafios. “Como não era algo que eu pensava, foi complexo entender o que as pessoas queriam de mim e o que eu tinha para oferecer. Até entender que o que eu mais tinha para oferecer era a minha trajetória — que eu poderia compartilhar isso de forma respeitosa, e que isso seria valorizado”, explica. Há pouco mais de três anos como empreendedora em sua consultoria, Simone brinca que não saiu do mundo corporativo. “Eu trabalho com empresas, com ex-colegas. Só virei empresária”, diz.

Casada com um homem negro e mãe de duas filhas negras, Simone sempre se importou com o tema da inclusão porque ela sentia, muitas vezes, na pele certo incômodo em sua posição como executiva. “Muitas vezes, eu era a única mulher líder nos ambientes em que circulava, e isso me incomodava. Eu percebi que era algo que precisávamos mudar, que era hora de construir algo diferente”, explica. E, hoje, ela continua em sua jornada para ajudar as empresas a tornarem o mundo um lugar mais justo. “Antes, o que as companhias faziam era o tal do cumprimento de cota. Hoje em dia é diferente. Mas não foram as empresas que acordaram primeiro, quem acordou para esse tema foram as pessoas. A gente para de comprar em um lugar porque descobre que a empresa é racista, que não dá oportunidades para mulheres. Então, as empresas acordaram porque muitos clientes, fornecedores, potenciais funcionários não vão fazer negócio com quem não se preocupa com esse assunto. Estamos em um mundo que tem consciências mais ampliadas sobre o tema.”

Visão de futuro

Um olhar sobre o que está por vir para negócios e pessoas

A tecnologia vai inevitavelmente se desenvolver, mas Simone acredita que existe algo central que nunca vai mudar: a nossa humanidade. "Quanto mais humanos nós formos, mais diferencial teremos", diz. "Tem um monte de coisas que a tecnologia vai fazer por nós, mas o olho no olho, o 'você está bem?' sincero sempre será um diferencial de líderes, colegas, empreendedores", explica.

Para ela, os gestores têm de ficar atentos à necessidade de se dedicarem cada vez mais genuinamente às pessoas. "As organizações ainda erram muito no preparo dos líderes, que estão prontos para serem gestores de coisas, não de pessoas. O ideal era que a liderança dedicasse 90% do seu tempo às pessoas e passasse só 10% realizando tarefas, mas é o contrário", diz. "Eu vejo isso como uma falha muito grande no modelo capitalista. O que é um contrassenso, porque, para extrairmos mais resultados, temos que nos dedicar a entender o que as pessoas precisam", diz. "Quando as pessoas se sentem livres para criar é que trazem à tona seu máximo potencial. Cabem aos líderes e às empresas tirarem as barreiras da frente, dando conteúdo, treinamento e flexibilidade. Só assim deixam as pessoas livres para se dedicarem ao que realmente importa."

> *Não existe ninguém que possa dizer que não tem preconceito, é mentira. A questão é como construir a ponte e o entendimento de que a desigualdade não é boa pra ninguém.*
>
> *Muitas vezes, eu era a única mulher líder nos ambientes em que circulava, e isso me incomodava. Eu percebi que era algo que precisávamos mudar.*

Posfácio

Interpretar e imaginar cenários futuros nunca foi uma tarefa simples. E a complexidade tem aumentado recentemente com todas as profundas transformações pelas quais passamos — seja a aceleração tecnológica, a pandemia da covid-19, o fortalecimento de certos movimentos sociais ou os impactos das mudanças climáticas em diversas partes do mundo.

Diversas instituições e especialistas — como o Profuturo da FIA — procuram mapear as tendências para ajudar as lideranças a se preparem para o que pode vir pela frente. Uma delas é o Fórum Econômico Mundial que publica, anualmente, um estudo com as tendências para o mercado de trabalho global, trata-se *do Future of Jobs Report*. Como não poderia deixar de ser, os especialistas têm apontado o crescimento de empregos relacionados ao desenvolvimento tecnológico. Na edição de 2023, a mais recente até a conclusão deste livro, a instituição afirma que "a adoção da tecnologia continuará sendo um fator-chave para a transformação dos negócios nos próximos cinco anos. Mais de 85% das organizações pesquisadas identificam o aumento da adoção de tecnologias novas e de ponta e a ampliação do acesso digital como as tendências com maior probabilidade de impulsionar a transformação em suas organizações." E os especialistas seguem: ao lado da transição verde e das perspectivas econômicas, a tecnologia é uma das três impulsionadoras das transformações no mercado de trabalho.

Ao se depararem com essa perspectiva da centralidade da tecnologia para o desenvolvimento do trabalho, muitas pessoas podem se sentir inquietas ao imaginar que, em um futuro não muito distante, robôs poderão absorver diversos postos e funções complexas — até o de líderes globais, se a declaração de Sophia, uma das robôs mais famosas do mundo, que disse que a inteligência artificial lideraria melhor o mundo do que os humanos, se concretizar. No entanto, esse cenário distópico ainda parece estar distante — se é que se tornará realidade. Uma evidência disso é que, no mesmo relatório em que o Fórum Econômico Mundial aponta a tecnologia como um dos pilares do desenvolvimento do mercado, releva-se que, para as mais de 800 empresas entrevistadas para o estudo, as competências cruciais para profissionais de todas as áreas são completamente humanas: pensamento analítico, pensamento criativo, resiliência, flexibilidade, agilidade, motivação, curiosidade e aprendizado constante (ou *lifelong learning*).

De várias maneiras, foi exatamente isso o que demonstramos durante as últimas páginas. A história do MBA Executivo Internacional do Profuturo/FIA como uma referência de projeção de futuro e formação de liderança não teria sido escrita por 30 anos caso o fator humano não estivesse o tempo todo presente — seja no incentivo ao *networking* entre estudantes de áreas e vivências diversas; nas viagens de imersão em universidades, empresas inovadoras e nas culturas de países tão diferentes entre si quanto Índia e Estados Unidos; ou na capacidade dos professores em conectar o que está acontecendo agora no mundo com o que pode vir a acontecer.

As trajetórias de sucesso dos líderes ouvidos aqui também não teriam se realizado caso todo o enfoque desses profissionais se voltasse apenas para a automação e os novos formatos da tecnologia. Todos os 30 ex-alunos do MBA Executivo Internacional mostraram que, em suas trajetórias, as capacidades mais humanas — como empatia, adaptabilidade, vulnerabilidade e poder de escutar os outros — foram fundamentais para trilhar um caminho de crescimento pessoal, aprendizado e realização.

Ao estudar o futuro, procuramos nos cercar de possibilidades e tendências para estarmos preparados para o que irá se desenrolar em vez de tentar uma previsão específica. Neste ponto temos cada vez mais certeza de que o melhor futuro possível será construído com base em capacidades humanas, como a vontade de aprender constantemente e a curiosidade para inovar — competências fundamentais hoje e que certamente serão imprescindíveis para todos os líderes nos próximos 30 anos.

Referências

Sites

FIA: www.fia.com.br

Profuturo: www.executivo.fia.com.br

Instituto GESC: https://fiaigesc.fia.com.br/

W-CFO Brazil: https://wcfobrazil.com.br/

EWA: https://www.linkedin.com/company/ewa-br

Leituras recomendadas

ALMEIDA, Martinho Isnard Ribeiro de. *Manual de planejamento estratégico*. 3. ed. São Paulo: Atlas, 2010.

CARVALHO, D. E.; et al. Construção de cenários: Apreciação de métodos mais utilizados na administração estratégica. *XXXV Encontro da Anpad*. Rio de Janeiro, 2011.

CHRISTENSEN, C. *How will you measure your life?* Harvard Business Review, 2010.

CHRISTENSEN, C. M.; ANTHONY, S. D.; ROTH, E. A. *Seeing What's Next*: Using the Theories of Innovation to Predict Industry Change. Brighton, MA: Harvard Business School Press, 2004.

COLLINS, Jim. *Empresas feitas para vencer*. São Paulo: Alta Books, 2018.

DANIELS, John D.; KRUG, Jeffrey Alan (Ed.). *International business and globalization*. Volume II: Globalization and National Cultures. 1st edition, 2007.

DUTRA, Joel S.; DUTRA, Tatiana, A; DUTRA, Gabriela A. *Gestão de pessoas*: Realidade atual e desafios futuros. São Paulo: Atlas, 2017.

DRUCKER, Peter F. *Managing oneself*. Harvard Business Review, jan. 2005.

DRUCKER, Peter F. *Administrando em tempos de grandes mudanças*. São Paulo: Livraria Pioneira, 1995.

DUTRA, J, S. *Competências, conceitos, instrumentos e experiências*. 2. ed. São Paulo: Atlas, 2017.

DWECK, Carol S. *Mindset*: a nova psicologia do sucesso. São Paulo: Objetiva, 2017.

FELDMANN, Paulo Roberto. *Empresas latino-americanas*: Oportunidades e ameaças no mundo globalizado. São Paulo: Atlas, 2010.

FLEURY, Maria Tereza Leme. *As pessoas na organização*. São Paulo: Gente, 2002.

GAJ, Luis. *O estrategista*. São Paulo: Makron Books, 2002.

GHEMAWAT, Pankaj. *A estratégia e o cenário dos negócios*. 2. ed. Porto Alegre: Bookman, 2007.

GOFFEE. R.; JONES, G. What makes a leader? *Business Strategy Review Summer, 15*(2):46-50, 2004.

GOLEMAN, D. What makes a leader. *Harvard Business Review*. Nov.-Dec., 1998, 93-102.

GROOVE, Andrew. *Gestão de alta performance*. São Paulo: Benvirá, 2020.

GROYSBERG, B.; KELLY, K.; MacDONALD, B. The new path to the C-Suite. *Harvard Business Review*. p. 61-68, mar. 2011.

HARVARD Business Review on Corporate Governance. Harvard: Harvard Business School Press, 2000. (versão nacional: mesmo título, Rio de Janeiro: Campus, 2001).

HILL, Charles. *International Business*: Competing in the global marketplace. Strategic Direction, 9th edition, 2013.

HITT, M. A.; IRELAND, R. D.; HOSKISSON, R. E. *Administração estratégica*. São Paulo: Pioneiro Thomson Learning, 2003.

HITT, Michael; IRELAND, R. Duane; HOSKISSON, Robert. *Strategic management cases*: competitiveness and globalization. Cengage Learning, 9th edition, 2012.

KANE et al. *Strategy, not technology, drives digital transformation*. MIT Sloan Management Review. 2015.

KAPLAN, Robert; NORTON, David. P. *A execução premium*: a obtenção de vantagem competitiva através do vínculo da estratégia com as operações do negócio. Rio de Janeiro: Elsevier, 2008.

KIM, W. C.; MAUBORGNE, R. *A estratégia do oceano azul*. Rio de Janeiro: Campus, 2005.

KOUZES, J. M.; POSNER, B. Z. Envisioning your future: Imagining ideal scenarios. *The Futurist*, p. 14-18, may-june, 1996.

KOTTER, John. P. *Liderando mudança*. Rio de Janeiro: Elsevier, 1997.

MAGALDI, Sandro; SALIBI NETO, José. *Estratégia adaptativa*: São Paulo: Gente, 2020.

MAGRETTA, Joan. *Understanding Michael Porter*. Boston: Harvard Business School Publishing, 2012.

MARCOVITCH, Jaques. *Para mudar o futuro* – Mudanças climáticas, políticas públicas e estratégias empresariais. São Paulo: Edusp, 2012.

MARCOVITCH, Jaques (Org). *Crescimento econômico e distribuição de renda* – Prioridades para ação. São Paulo: Edusp, 2007.

MCGRATH, Rita. *Inflexão estratégica*: como enxergar além e se antecipar a mudanças que podem alterar os rumos do seu negócio. São Paulo: Benvirá, 2020.

MINTZBERG, B. A.; AHLSTRAND, B.; LAMPEL, J. *Safári de estratégia*: um roteiro pela selva do planejamento estratégico. Porto Alegre: Bookman, 2000.

MONTGOMERY, Cynthia A. *O estrategista*. Rio de Janeiro: Sextante, 2012.

NADELLA, Satya. *Aperte o F5*: A transformação da Microsoft e a busca de um futuro melhor para todos. São Paulo: Benvirá, 2018.

PORTER; Michael E.; NOHRIA, Nitin. How CEOs Manage Time. *Harvard Business Review*. July-august, 2018.

POTER, E. P.; KRAMER, M. R. Creating shared value: how to reinvent capitalism and unleash a wave of innovation and growth. *Harvard Business Review* 89 (1/2), pp. 62-77, 2011.

RADONIC, M. OKR system as the Reference for Personal and Organizational Objectives. *Econophysics, Sociophysics & other Multidisciplinary Sciences Journal*, 7 (2), pp. 28-37, 2017.

REEVES, Martin; HAANAES, Knut; SINHA, Janmejaya. *Sua estratégia precisa de uma estratégia* — Como eleger e colocar em prática a melhor abordagem. São Paulo: DVS Editora, 2015.

RIBEIRO, J. M. F.; CORREIA, V. M. da S; CARVALHO, P. de (Eds.), *Prospectiva e cenários*: uma breve introdução metodológica — Série "Prospectiva – Métodos e Aplicações" (1st ed., p. 88). Lisboa, 1997. PT: Ministério do Equipamento, do Planejamento e da Administração do Território, Secretaria de Estado do Desenvolvimento Regional.

RODRIGUES, Lino; AMIGO, Ricardo Jesús Román. Determinantes da Vantagem Competitiva no Marketing Industrial. *Revista RAUSP*, 2003.

SCHWARTZ, Peter. *The Art of the Long View*. Doubleday, 1991.

SCOBLIC, J. Peter. Learning from the future. *Harvard Business Review*, 2020.

SINEK, Simon. *Comece pelo porquê?* São Paulo: Sextante, 2018.

SINEK, Simon. *Líderes se servem por último*. São Paulo: Altabooks, 2019.

SLYWOTZKY, Adrian J., MORRISON, David J. *Estratégia focada no lucro*. Tradução de Ana Beatriz Rodrigues e Priscilla Martins Celeste. Rio de Janeiro: Campus, 1998.

SULL, D. N.; ESCOBARI, M. E. *Sucesso made in Brasil*: o segredo das empresas brasileiras que dão certo. Rio de Janeiro: Elsevier, 2004.

TORQUATO, G. *Tratado de comunicação organizacional*. São Paulo: Cengage Learning, 2008.

TREFF, Marcelo A. *Gestão de Pessoas*: olhar estratégico com enfoque em competências. Rio de Janeiro, Elsevier, 2016.

URY W. *Getting past No*: negotiating your way from Confrontation to Cooperation. New York: Bantam 1993.

WRIGHT, James. SPERS, Renata Giovinazzo. Gomes, Maria Tereza. *Escola de líderes*: FIA MBA Executivo Internacional. São Paulo: Gente, 2014.

WRIGHT, James. SPERS, Renata Giovinazzo. *Mercado popular no Brasil*: Abordagens para geração de negócios e casos de sucesso. São Paulo: Edgard Blücher, 2011.

WRIGHT, James; SPERS, Renata Giovinazzo. *Casos brasileiros de transformação estratégica*. São Paulo: Edgard Blücher, 2009.

YOSHIDA ND, Wright JTC, Spers RG.A prospecção do futuro como suporte à busca de informações para a decisão empresarial. *Revista Ibero-Americana de Estratégia*, 2013.

ZOOK, Chris. ALLEN, James. *A mentalidade do fundador*. São Paulo: Novo Século, 2017.